Celebrando a los artistas reservados: Historias emocionantes que el mundo no puede olvidar

Fénix Tranquilo, Volume 4

Prasenjeet Kumar

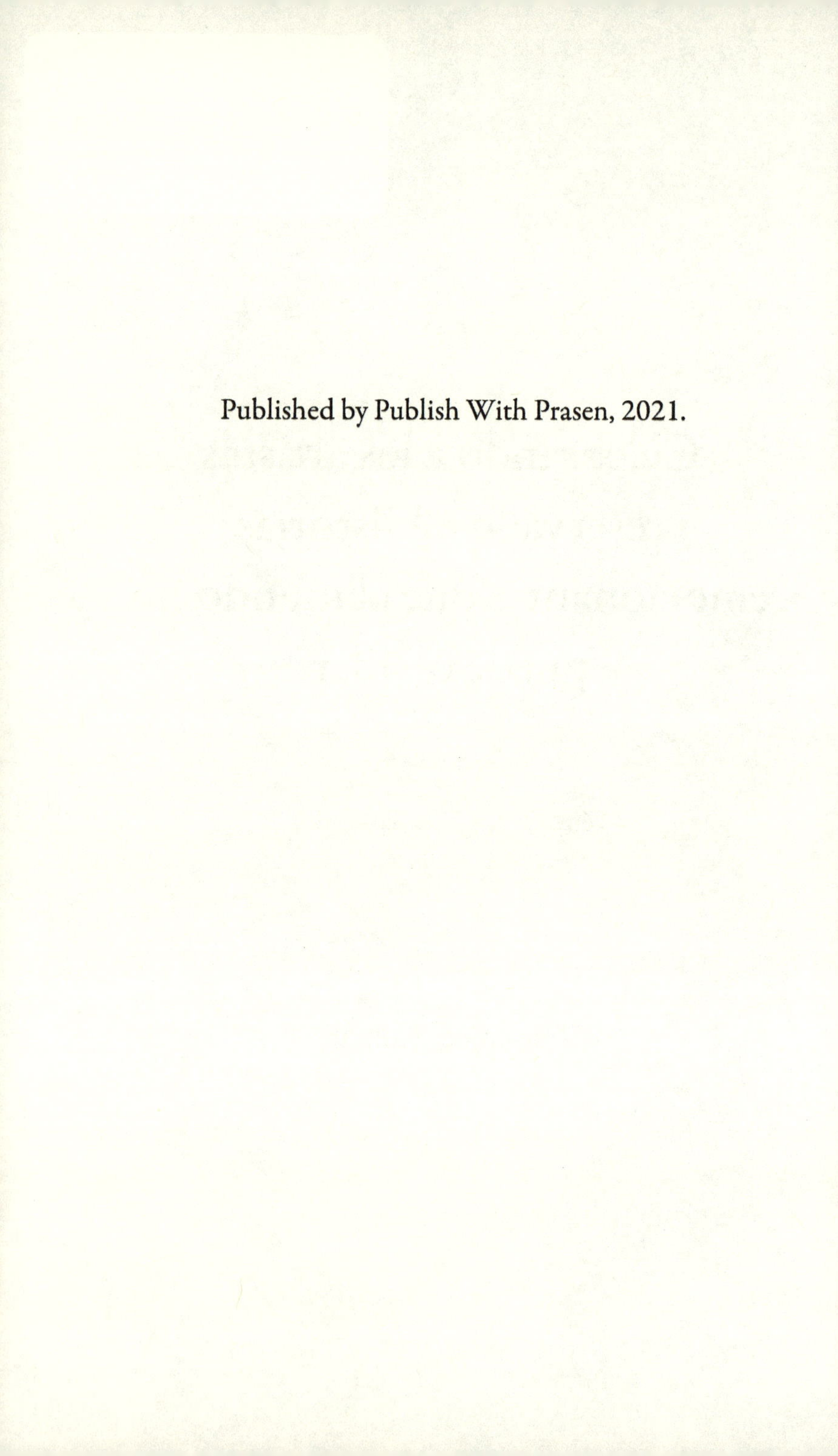

Published by Publish With Prasen, 2021.

While every precaution has been taken in the preparation of this book, the publisher assumes no responsibility for errors or omissions, or for damages resulting from the use of the information contained herein.

CELEBRANDO A LOS ARTISTAS RESERVADOS: HISTORIAS EMOCIONANTES QUE EL MUNDO NO PUEDE OLVIDAR

First edition. December 3, 2021.

Written by Prasenjeet Kumar.

Tabla de Contenido

Introducción

<hr>

¿CUÁNTAS VECES HAS OÍDO usted esto?

"Tú/ Tu hijo sólo sueñas/sueña despierto. Tu hijo no socializa lo suficiente. ¿Cómo va a sobrevivir en este mundo competitivo?"

Créeme, yo también he escuchado muchos comentarios de este tipo cuando estaba en la escuela. Venían de profesores, amigos y familiares que me querían bien. Algunos eran benévolos pero bastantes otros eran hirientes, y realmente todos me dolían. Estos comentarios, disfrazados de consejos, les dieron a mis padres motivos para preocuparse.

Y en mis años de adolescencia pensaba de verdad que algo pasaba conmigo.

Después de todo, personas eminentes como Steven Spielberg. Agatha Christie, J.K. Rowling, Leonardo Da Vinci, Amitabh Bachchan y demás, eran todos abiertos y extrovertidos, no como yo. ¿Verdad?

No. Totalmente falso.

Eran callados. E introvertidos. Como yo. Como tú.

Y aun así, su contribución es tan reconocida. Imagínate un mundo SIN ellos. ¿Cómo sería? Sin Harry Potter. Sin Mona Lisa. Sin Hercule Poirot. Sin Inspector Vijay. Sin E.T.

2

Entonces, si estos artistas eran introvertidos como tú y como yo ¿cómo dejaron una impronta tan indeleble en este mundo? ¿Aprendieron a ser falsos extrovertidos? ¿Practicaron técnicas de socialización? ¿Aprendieron a hablar sin parar?

Para nada.

Fueron fieles a sí mismos. A su personalidad interior. Y usaron su más preciado poder se introversión, el soñar despiertos, para crear fantásticos personajes, música ou obras de arte.

Si, la fantasía es un arma realmente poderosa. Especialmente si eres una persona creativa. Sin una imaginación intensa, el arte NO es posible. Y punto.

Y usaron el otro punto fuerte de la tranquilidad, la persistencia. Nunca abandonaron sus sueños. No importaba cuál fuera el obstáculo. Ni cuán graves los contratiempos.

Y siguieron practicando su arte hasta ser perfectos, o casi "perfectos".

En las próximas páginas, verás cuántos de estos artistas reservados salieron escaldados de incidentes que mellaron su confianza en si mismos.. Tragedias profesionales. Tragedias personales. Problemas de salud. Tendencias suicidas, llámalo cómo quieras.

Pero revivieron de sus cenizas como el ave fénix. Poderosa pero reservadamente.

Como un fénix silencioso.

He leídos muchos libros pero nunca encontré uno que homenajeara el soñar despierto.

Por eso escribí este libro, para homenajear específicamente la rica imaginación de los artistas introvertidos. Y su hermoso, magnífico e inspirador esfuerzo creativo.

El libro destruye otro mito. Que los artistas no pueden ganarse la vida haciendo lo que les gusta.

Si, el camino puede ser difícil. Pero si usas las fortalezas de tu quietud, como yo lo llamo, nadie puede impedir que tengas éxito en la carrera que elijas.

Espero que disfrutes leyendo estas historias inspiradoras tanto como yo he disfrutado escribiéndolas.

Prasenjeet

Capítulo 1: Una niña callada y sin escolarizar se convierte en la novelista más leída de la historia

EN NOVIEMBRE DE 1961, el mundo se despertó con una serie de intrigantes asesinatos. En casi todos los casos, las víctimas presentaban los mismos síntomas. Éstos incluían: perdida de cabello, apatía, entumecimiento, desmayos, dificultad para hablar y debilidad general. Expertos descubrieron que todas las víctimas habían sido envenenadas con talio, un líquido altamente tóxico, incoloro, inodoro y sin sabor. Su gran "ventaja" era que actuaba despacio. De forma que podías poner talio en el agua, comida o bebida y no ver sus efectos hasta una semana después.

Entonces, ¿Quién cometió estos crímenes y por qué?

El "mérito" se lo lleva una amable septuagenaria que afirmó "Dame una botella decente de veneno y construiré el crimen perfecto."

La señora era, de hecho, la que menos se esperaría que cometiera esos atroces crímenes. Tan sólo escribió sobre ellos, en un nuevo género que causó furor, los "crímenes misteriosos.". En total, esta señora reservada escribió 91 libros de los que se vendieron 2 mil millones de ejemplares. Los editores también tradujeron sus libros a 45 idiomas, haciéndola la novelista más leída de la historia.

Y esto cuando la señora apenas estudió. Tuvo un tutor en casa un tiempo, pero sólo despúes de los 9 años. Aprendió sola leyendo libros.

Cuando tenía 5 años, su padre Frederick descubrió que apenas quedaba dinero en su hacienda. Intentó buscar trabajo, pero, tal como la señora plasmó en su autobiografía, "como muchos de sus contemporáneos", él "no tenía preparación para nada." . La niña y la madre cenaban a menudo arroz con leche.

La niña no tenía compañía para hablar, yaque su hermana y su hermano, -Madge y Monty respectivamente, eran más de una década mayores. Ella tampoco tenía compañeros de clase porque no iba a la escuela. Su mundo socialconstaba de los tres sirvientes de la familia. Así que pasaba mucho tiempo con sus amigos imaginarios: reyes, gatitos y pollo. Más tarde, de adulta, era tan tremendamente tímida que ni siquiera podía entrar sola en una tienda.

Su hermana mayor, Madge, era una excelente escritora, aunque no de profesión. Ella dijo una vez que la niña a la que le encantaba tanto leer novelas detectivescas, no podía escribir una. Con libros de autores como Edgar Allan Poe y Arthur Conan Doyle, este género se estaba volviendo popular. La joven aceptó el reto y escribió su primera novela de detectives solo para probar que su hermana se equivocaba.

Y, como se suele decir, el resto es HISTORIA.

¿Quién era entonces esta mujer y cuál fue su historia?

Sin lugar a dudas, como todas las jóvenes de su era, esta mujer nunca pensó en tener carrera. Quería un marido y nada más.

Pero al ser alguien que no podía mostrar públicamente sus emociones, escribir la reconfortaba. Creía que podía expresarse mejor escribiendo que hablando.

Durante la Primera Guerra Mundial, esta mujer sirvió como enfermera voluntaria. Más tarde trabajó en la farmacia del Hospital Universitario de Londres. Aquí fue donde pudo adquirir su conocimiento sobre venenos. Por ejemplo, aprendió sobre el uso del talio como veneno del Jefe de Farmacéuticos del Hospital Universitario, Harold Davis.

Su descripción de los venenos en sus novelas resultó ser tan precisa que alguna vez llegó a salvar vidas. En una ocasión, una mujer de Sudamérica sospechaba que un conocido estaba siendo envenenado por su joven esposa. En otra, una enfermera encontró los síntomas de envenenamiento por talio en un bebé de 19 meses en Qatar. Ambas habían llegado a esa conclusión después de leer las novelas de la mujer, y ambas tenían razón.

Por el otro lado, loa críticos la acusan de dar ideas a asesinos potenciales. En un incidente en Francia, un oficinista de 58 años asesinó a su tía usando gotas para los ojos de atropina. Durante la investigación, la policía encontró una novela de esta reina de los misterios con el revelador pasaje de la atropina subrayado. Estaba claro que la novela le sirvió de inspiración al asesino.

¿Has adivinado quién era esta mujer?

Si, era la legendaria, la única, **Agatha Christie.**

Su novela sobre el envenenamiento por talio era **"El misterio de Pale Horse."**

Y si, era una persona callara y muy reservada.

En su autobiografía, admite:

"No me gustan las multitudes, estar aplastada contra la gente, las voces, el ruido, la charlas que se alargan, las fiestas, en especial los cócteles, el humo de cigarrillos y fumar en general, ningún tipo de bebida excepto en la cocina, la mermelada, las ostras, la comida tibia, los cielos grises, las patas de los pájaros..."

Nacida en 1890, Agatha Christie creció en una casa grande en Torquay, un centro turístico costero en Devon, Inglaterra. Su madre, Clara, escribía poesía y estaba interesada en el unitarismo, la teosofía y el zoroastrismo. Agatha la adoraba y pasaba horas toqueteando sus joyas y lazos.

Agatha tenía una imaginación muy viva y todos sus personajes eran imaginarios. Escribía principalmente por entretenimiento. Solía trabajar sus tramas en una libreta. Hacía una lista de posibles víctimas y culpables, y escogía las combinaciónes que más le gustasen. Le encantaba jugar con sus lectores, haciendo que se mantuvieran intentando adivinar quién era el culpable.

Agatha creó dos detectives muy conocidos en sus novelas. Uno era Hercule Poirot, un policía belga retirado. Llevaba un curioso bigote y zapatos puntiagudos. ¡Y se dejaba la piel proclamando con acento francés que podía hablar en perfecto inglés! Su estilo de investigación implicaba exagerar sus formas extranjeras de modo que los culpables no lo tomaban muy en serio y parloteaban sin pensar en las consecuencias.

La inspiración para este personaje la tuvo obviamente de su infancia en Francia, donde tuvo que aprender a hablar francés fluidamente.

La otra fue una mujer llamada Jane Marple , quien tenía la mente "como un fregadero" y tenía por norma ver lo peor en todas las personas. Era lo opuesto aPoirot. Con aspecto de "anciana dulcemente desorientada", Marple solía tejer ymurmuraba clichés. Esto, al igual que Poirot, hacía bajar la guardia al sospechoso y ayudaba a la señora Marple a llegar al fondo del misterio.

Las tramas típicas involucraban a unas ocho o nueve personas en un espacio reducido: un tren aislado por la nieve, una escuela femenina, una casa de campo inglesa y entonces... ¡Oh, no! Se cae un cuerpo. ¿Quién es? ¿Y por qué? ¿Y cómo?

Enseguida aparecía un detective requiriendo que, por favor, nadie saliera. Después interrogaría a la gente, uno a uno. al final, los reunía a todos para revelar la conclusión, anunciando el nombre del asesino, seguido por motivo y el método.

El culpable casi siempre protestaba. En ocasiones, se desmoronaba y se suicidaba. Pero, como norma, no tenía problema en confesar: "¡Que se pudra en el infierno!" "¡Me alegro de haberlo hecho!" Y se marchaba tranquilamente escoltado por la policía.

Agatha es conocida principalmente por sus novelas detectivescas, pero támbien publicó seis novelas románticas (bajo el seudónimo de Mary Westmacott), dos colecciones de poesía, un libro infantil, dos autobiografías y algunas obras de teatro. Su obra *"La ratonera"* es la representación más longeva del mundo. Se estrenó en 1952, pero lleva representándose en el teatro St. Martin en WEst End, Londres, desde 1974.

Otra obra *"Diez negritos"*, se representó por primera vez en 1943 y sigue siendo una gran producción en todo el mundo a día de hoy.

Cuando Agatha era una dolescente, su primera novela, *"El misterioso caso de Styles"*, fue publicado dos años después de que se enviara el manuscrito. En su primer contrato se estipulaba que escribiera cinco novelas más. En lugar de eso, ¡Christie produjo 82 novelas de detectives y 91 libros! Su novela más exitosa, *"Diez negritos"* , ha tenido más de 100 millones de ventas. *Publicaciones internacionales* clasifican la novela como la séptima novela en éxito de ventas de todos los tiempos.

Sin lugar a dudas, Agatha era producto de su tiempo. El periodo entre la Primera y la Segunda Guerra Mundial es considerado la edad de oro del género detectivesco. La amas de casa compraban ese tipo de libros en el supermercado. El género era tán popular que casi cualquier asesinato misterioso tenía oportunidades de conseguir un contrato editorial.

Agatha tenía sin duda ese factor en mente cuando se zambulló en este sector. Sin embargo, su grandeza estaba en el hecho de que podía ofrecer a los lectores lo que querían, básicamente un "misterio rompecabezas" en el que el autor retaba al lector a adivinar quién era el culpable antes del final del libro..

Agatha odiaba la violencia. Así que en sus novelas, el detective nunca sacaba una pistola, incluso si alguien se volvía peligroso. De hecho, el detective nunca llevaba un arma. Los testigo podían no dudar en tirar al villano al suelo. Pero si no había pasajeros, !el detective podía manejar la situación echándole agua con jabón en la cara del asesino!

Aunque no lo creas.

Los expertos han sacado todo tipo de explicaciones para la popularidad de Christie y para el entusiasmo en general que suscitaba el género detectivesco en su tiempo. Según Auden, el encanto principal era religioso. Explicaba que, al menos en los países protestantes, resolver un crimen mitigaba "nuestra culpa a través de otro."

Otros destacaron cómo durante el periodo entre guerras se sufría de terribles agitaciones políticas. En ese ambiente, las historias de Christie podrían haber reafirmado a la gente que las fuerzas perturbadoras no se encontraban en el orden social, sino en una mala persona que podía ser atrapada y eliminada.

Pero tanto si el atractivo de una historia de detectives estaba en restaurar el orden como si no, nada podía reducir la popularidad de Christie. Recibió el galardón de la Orden del Imperio Británico en 1971. ¡Y el govierno de Nicaragua puso la cara ficticia de Poirot en un sello postal!

Tal como explica Kathryn Harkup en su libro "A is for Arsenic: The poisons of Agatha Christie", nadie usaba la química para dirigir sus tramas como lo hacía Agatha. Su dominio de los venenos, que aportaba el ritmo, era absoluto. Sabía todas las ventajas, desventajas e idiosincrasias de los venenos. La solubilidad del arsénico en agua caliente, el sabor amargo de la atropina, la tendencia del fósforo de dotar los intestinos de las víctimas de un brillo fantasmal. Todo era usado con habilidad para permitir a Miss Marple o a Monsieur Poirot resolver el misterio.

En su selección de venenos, Agatha incluso recordó usar cicuta, ¡que no había sido "usada" desde los tiempo de Sócrates! La ricina, que se parece al ricino, no consta en ningún registro como arma de un crimen. Pero eso no impidió a Agatha usar ricina en cuatro personas de una misma casa en "La muerte al acecho". Esto estaba muy por delante de su época. El siguiente hecho documentado de uso de ricina ocurrió en 1978, cuando el disidente húngaro Georgi Markov fue asesinado en Londres, usando un paraguas con la punta cubierta de ricina.

Sin lugar a dudas, la familiaridad de Agatha con los venenos reflejaba la cómoda coexistencia que la sociedad de ese tiempo disfrutaba con los químicos como la stricnina, la cual usaban muchos tónicos patentados. Cualquiera podía opio abiertamente sin que le hicieran preguntas. Todos los jardineros usaban libremente cianuro de potasio como insecticida. Había abundancia de arsénico disponible como subproducto de la fundición del mineral de hierro. Nunca antes habían tenido los potenciales asesinos semejante acceso a los tóxicos. Y Agatha explotó esa accesibilidad tan común hasta el fondo.

El éxito nunca estuvo en la mente de Agatha, a pesar de todo. No podía tenerlo, porque tuvo que luchar contra tantos demonios en su vida, incluyendo la pobreza en su infancia y la infidelidad de su primer marido.

Se había casado con el elegante Archie Christie, un miembro del Real Cuerpo Aéreo, justo después de comenzar la Primera Guerra Mundial. Archie más tarde se convirtió en golfista habitual y un día declaró que se había enamorado de Nancy Neele, una buena golfista, y que quería el divorcio.

Durante meses, Agatha intentó razonar con él. Después, una noche, ella se marchó. Después de una hora, abandonó el coche y tomó un tren a la estación de Waterloo, en Londres. Esa misma noche, viajó a Harrogate, un balneario en Yorkshire donde se registró en el Hotel Hydropathic bajo el nombre de Theresa Neele.

La desaparición de la famosa autora de misterios creó una búsqueda nacional. Más de quinientos policías intentaron peinar colinas y dragaron los estanques de la zona alrededor de su coche abandonado. Durante el fin de semana, se unieron cientos de voluntarios, algunos ayudados de perros sabuesos. Los principales periódicos recogían los progresos diarios.

Agatha siguió con sus compras, paseos, visitas la spa e incluso jugaba al bridge con otros huéspedes del hotel. Incluso comentaban el misterio de la novelista desaparecida, pero nadie encontraba la conexión.

Pronto se anunció una recompensa de cien libras. A Agatha le gustaba escuchar a la banda del hotel después de la cena. Ahí fue cuando el baterista y el saxofonista la reconocieron. Informaron a la policía, y el mundo suspiró de alivio por haber encontrado a la novelista sana y salva.

La desaparición de Agatha fue una estrategia desesperada para volver a ganarse el afecto de Archie, pero no funcionó. Pronto se divorciaron, Archie siguió adelante y se casó con Neele.

La familia de Agatha se plantearon la teoría de que Agatha sufrió una fuga disociativa, una forma de amnesia. Ella afirma no recordar nada de lo ocurrido, y su autobiografía no cuenta ni una palabra del incidente.

La competencia celosa de Agatha, alegó planeó su desaparición para llamar la atención del público e impulsar las ventas. En caso de ser cierto, la estrategia fue un gran éxito. Agatha había producido seis asesinatos misteriosos en aquel momento, y su desaparición, con su interesante relación con la ficción de detectives, la convirtió en una estrella. Inmediatamente, los editores encargaron nuevas ediciones de sus primeras novelas, que pronto se agotaron.

Un año después del divorcio de Archie, Agatha hizo un viaje a Iraq. Allí conoció un arqueólogo, Max Mallowan. Se enamoraron y pronto se casaron. ¡Ella tenía 39 años y Mallowan tenía 25!

Afortunadamente, el segundo matrimonio de Agatha con el joven arqueólogo tuvo más éxito. Ello también reavivó su amor por los viajes. Pudo visitar ahora Siria, Líbano, Egipto, Jordania e Iraq en expediciones arqueológicas. Ahora sus novelas podían tener lugar es sitios exóticos.

En todas partes había una sala de escritura preparada para ella. En su tiempo libre, también se ofrecía a limpiar la tierra le las reliquias usando su limpiador facial, y obedientemente las fotografiaba.

Agatha viajaba a menudo en el Orient Express y de ahí vino la inspiración para la novela *Asesinato en el Orient Express*. Hasta sus últimos días (murió en 1976, a los 85 años), Agatha siguió siendo una asidua viajera. Visitó Grecia, España, Australia, Canadá (le encantaba Lake Louise), Estados Unidos (incluido Hawaii), Sudáfrica, Croacia, Italia, Irán (entonces llamada Persia) y su favorita, Nueva Zelanda. Describía el viajar como "vivir en un sueño".

Pero la mejor parte era que incluso después de alcanzar tan estupendo éxito, siguió siendo humilde. Fue siempre reacia a criticar los manuscritos de otros autores que se lo pedían porque creía que la crítica desanimaría a los escritores principiantes. Creía que todos los escritores tienen su propia y única voz, su propia forma de expresarse y tendrían su propio público.

Y por esas creencias, serviría de modelo de inspiración para millones de escritores introvertidos.

Da que pensar.

Los introvertidos son mejores escribiendo que hablando. No es de extrañar que muchos escritores sean introvertidos.

Si eres más propenso a pasar mucho tiempo en soledad jugando con tu imaginación, ¿por qué no escribir una novela? ¿Qué te ha estado impidiendo hacerlo?

¿Bloqueo de escritor? ¿Miedo al fracaso? ¿Falta de tiempo?

¿Por qué no inspirarse en Agatha, sin preparación ni escolarización, y empezar a escribir novelas por entretenimiento?

"Muy pocos somos lo que parecemos".

–Agatha Christie

Capítulo 2: Aspirante a actor pasa noches sin dormir en un banco de la calle y se convierte en leyenda

ERA EL AÑO 1968.

Un chaval de 26 años, con buen nivel de educación, había desperdiciado un trabajo bien pagado en Calcuta y se mudó a Bombay. Como tantos miles de pardillos que se bajan cada día en la estación de Church Gate con sueños de ser alguien importante en la industria del cine indio.

Por supuesto, el joven había actuado en algunas obras de la escuela y la universidad. Pero eso no era suficiente para que Bombay te recibiera con los brazos abiertos. Allá donde iba, se encontraba con burlas y rechazos.

Una de las razones, de aquellos que se molestaban en darlas, era que su aspecto era demasiado "poco convencional". Eso quiere decir que no tenía ese aspecto de chico bombón que buscaba la industria del cine indio para sus "héroes" en aquel tiempo.

Otra era que con 1,90 metros era demasiado alto. Otros decían que era demasiado moreno, demasiado flaco, etc.

El joven pensaba que al menos tenía una buena voz que se podría describir como grave, masculina e incluso barítona. Envió una solicitud a All India Radio, una emisora pública, **¡y no pasó las pruebas!** Después fue a ver al famoso locutor de radio Ameen Sayani, y le dijo en su cara que no tenía la "típica" voz requerida para la radio.

El chico procedía de una familia de clase media decente. Su padre se había licenciado en Literatura Inglesa en la Universidad de Cambridge. Pero eso no ayudó al joven a encontrar un lugar donde quedarse en Bombay. **¡Así que pasó muchas noches durmiendo en un banco de la calle del paseo marítimo de Bombay!**

Los padres del joven eran bastante amigos con el entonces Primera Ministra de India, la señora Indira Gandhi. Así que consiguieron enviar una carta de recomendación de ella al famoso actor y director Sunil Dutt.

Dutt acordó darle un papel al joven en su próxima película "Reshma and Shera", pero sólo un personaje sordomudo. La película fue aclamada como película artística, pero eso no pudo evitar su hundimiento en taquilla sin dejar rastro. En cualquier caso, nadie pudo deducir cómo era la voz del joven o cómo decía sus diálogos.

En 1969, cuando el joven estaba a punto de rendirse, tuvo otra oportunidad. Esta vez era una película de bajo presupuesto en blanco y negro llamada "Saat Hindustani". Una vez más, la película fracasó, pero el joven ganó su primer Premio Nacional como mejor actor revelación. Continuó con otras diez películas regulares. El joven siguió interpretando papeles pequeños junto a las estrellas de ese tiempo, como Rajesh Khanna, pero todavía de forma precaria.

Después vino su decimotercera película, en 1973, en la cual interpretó el papel de un honesto policía. El personaje luchaba contra la corrupción, no como policía de servicio, sino desde fuera, como un justiciero. Fue una de las primeras películas de anti-héroe en el cine indio y fue un gran éxito.

Después de eso ya no hubo vuelta atrás.

El joven ya no era considerado solamente para tímidos papeles secundarios. Ahora era....EL joven provocador de la industria del cine indio. Le llovían las ofertas. Fue durante esos días cuando conoció a su futura esposa. Como actor, ella le parecía pequeña y adorable. A ella le atrajo su mirada intensa y aquella increíble voz. Se enamoraron y se casaron poco después, en 1973.

En 1975, el joven era ya una gran estrella, muy conocido por interpretar inusuales papeles de anti-héroe. Se dice que canalizaba toda su rabia y frustración de su época de lucha en representar personajes auténticos y creíbles en la pantalla. Una vez hizo el papel de un humilde trabajador de un astillero que no tenía reparos en hacerse rico de una u otra forma.

Los fans se estaban enamorando de su retumbante y profunda voz. ¡La misma voz que los altos cargos de All India Radio encontraron poco apropiada! Directores eminentes como Satyajit Ray le contrataban para hacer doblajes en sus películas. Todos los productores de cine sabían que si le daban un papel, el éxito estaba garantizado. Sus fans se peleaban por las entradas en el mercado negro con tarifas astronómicas para ver sus películas.

y entonces llegó la tragedia. El actor estaba rodando una escena de lucha en la que el villano hacía un disparo perfecto y le daba al héroe de lleno. Todos aplaudieron con admiración. Los actores hicieron una reverencia de agradecimiento, pero algo se había desplomado.

En la cumbre de su carrera, la súper estrella tuvo que ser trasladada urgentemente a los cuidados intensivos del hospital. Sus intestinos se habían rasgado, una herida interna que hacía peligrar su vida. Los fans estaban devastados. Toda India se amontonó en templos, iglesias, mezquitas y gurudwaras para rezar por su bienestar.

En la mesa de operaciones, con sólo 41 años, la súper estrella estuvo clínicamente muerto durante once minutos. Pero tal como pasa en las películas indias, revivió milagrosamente, mientras su esposa exclamaba, "Su dedo del pie se mueve". Dios había oído las oraciones del país y la leyenda escapó de las garras de la muerte.

Durante casi una década, la estrella no pudo aceptar ningún papel. Las 60 botellas de sangre que recibió durante esos tensos días en la sala de operaciones le transmitieron la hepatitis B. Esto destruyó tres cuartos de su hígado. Los imparables gastos médicos lo dejaron al borde de la bancarrota.

Pero la súper estrella luchó. Una prueba de su coraje y determinación era que a pesar de su casi fatal accidente y posterior *miastenia gravis* (una rara afección muscular), aceptó realizar una escena peligrosa desde una altura de nueve metros para una escena de una película hindú llamada *Aks*.

Una vez más, nada pudo evitar que la súper estrella volviera a reclamar su posición en la cima de la industria del cine indio. Era una segunda vida, pero lo convirtió en una leyenda viva.

Si ves películas indias, seguro que ya habrás adivinado de quién hablo.

La leyenda viva es: **Amitabh Bachchan**.

Nacido en 1942, cuando los japoneses bombardearon Pearl Harbour, y el movimiento Quit India acababa de comenzar, Amitabh nació del eminente poeta hindú Harivansh Rai Bachchan en Allahabad, India. Se llamó primero "Inquilab", lo que representaba la profunda convicción del poeta de que la revolución llevaría a la libertad algún día. Su madre Teji Bachchan era punjabi y le apasionaba el teatro. No es de extrañar que el chico heredara el legado artístico de sus padres.

El joven Amitabh comenzó sus estudios en Allahabad. Fue después a la facultad de Sherwood, un internado en las colinas de Nainital, donde descubrió su talento y pasión por el teatro. Sin embargo, como él admite:

"De niño nunca pensé en hacer películas. Cuando íbamos a ver películas en Allahabad, nunca imaginé que algún día estaría en la gran pantalla."

Amitabh completó sus masters desde Delhi y pronto comenzó a buscar trabajo. Pero no era tan fácil. Se enfrentó a un rechazo tras otro.

Amitabh pensó que algo raro pasaba con él. O que quizás no estaba suficientemente cualificado. O quizás no sabía expresarse en las entrevistas. O, o, o...

Por pura desesperación, Amitabh salió de su zona de confort, a miles de millas al este, a Kolkata. Allí consiguió su primer trabajo con la empresa Shaw Wallace. Más tarde se unió a la empresa de transportes Bird and Co. como agente de fletes.

Pero algo faltaba en su vida. Amitabh se sentía vacío por dentro. El trabajo le aplastaba el alma. Anhelaba libertad creativa. Tenía que admitir que un "trabajo de verdad" no era lo suyo. Su destino estaba en otra parte. ¿Qué otra profesión era adecuada para él?

¿Qué tal la interpretación?

Buena idea, sólo que actuar en películas estaba considerada una de las profesiones más extrovertidas del mundo. Y Amitabh no tenía nada de extrovertido.

En una de sus entrevistas, Amitabh admitía que,

"Fui un niño muy tímido. Muy tímido. Muchos problemas para cosas muy sencillas. Como entrar en un restaurante yo solo. E incluso más tarde, cuando buscaba trabajo en películas, conocí a Manojji (un famoso productor y director) y me dijo que filmaría en Filmistan, y que fuera a verle allí. Y solía coger el tren desde Churchgate, ir a Andheri, y caminar desde la estación hasta la entrada de Filmistan. Pero nunca tuve el valor para entrar. Y lo intenté durante siete días, pero todas las veces regresaba sin pasar de la entrada. Incluso ahora soy muy tímido. Pero tengo que

admitir que entrar en el mundo del cine y ponerme en situaciones que no son reales, quizás me ha dado un poco de confianza en mi mismo. Pero al principio fue devastador. Me destrozó por completo cuando fui al Hotel Sun n' Sand y vi a Manojji cantando con Sairaji (la popular actriz Saira Banu). Había millones de personas allí de pie. Yo estaba petrificado. Recuerdo pasar noches sin dormir. Todavía me pasa a veces, cuando tengo que cantar en el exterior delante de gente. No es tanto la incapacidad de realizar la secuencia, sino el hecho de que tenía que hacerlo con millones de ojos mirándome. Sé que se contradice con mi temprano interés en el teatro. Pero siempre he sido un introvertido."

¿Estaba Amitabh avergonzado de su introversión? En absoluto. Está agradecido. Él cree que ha heredado ese rasgo de su padre, el señor. Harivansh Rai Bachchan, un inminente poeta que escribió muchos poemas patrióticos durante el Movimiento de Independencia de India.

Como él explica:

"Mi padre es más tímido. Introvertido. Pero muy poderoso en cuanto a su expresión, su escritura. En muchos aspectos se puede decir que, de forma temperamental, soy como mi padre. Físicamente, quizás tengo sangre sij."

Amitabh Bachchan es el vivo ejemplo de alguien que siguió su corazón, y que nunca se rindió a pesar de las circunstancias, incluido la económica y la médica. Siempre servirá de ejemplo inspirador para millones de artistas callados de todo el mundo.

Su salud se sigue deteriorando. Su zona del abdomen, como él mismo bromea, está lleno de agujeros, por todas las sondas que los médicos le han tenido que introducir para tratarle. No para de entrar y salir del quirófano. Continúa padeciendo *miastenia gravis,* una enfermedad autoinmune que causa debilidad muscular y fatiga.

Pero pídele que haga un programa de servicio público sobre la polio o el agua limpia, y lo hará encantado y sin cobrar. Sin importar los papeles que ahora se le presentan, sigue divirtiendo y cautivando a la gente carismática y polifacética personalidad.

Con el paso de los años, Amitabh no sólo ha crecido y se ha hecho un icono, sino que también se ha convertido en una institución inseparable de la cultura popular del cine indio.

Pero más allá de su aura, más allá de la fachada de Big B, ahí late el alma de un consumado intérprete, un *artista* para quién el celuloide es una simple dimensión de su expresión y *razón de ser*.

Y lo mejor es que sigue siendo tan humilde. Incluso hoy, Amitabh adora señalar ese banco cada vez que pasa a su lado con el coche.

"Nunca he sido una súper estrella y nunca lo creído"

–Amitabh Bachchan

Algunos datos interesantes de la vida de Amitabh Bachchan's:

* El primer salario de Amitabh en Kolkata fue de 500 rupias al mes.

* Le pagaron solamente 1000 rupias por su primera película.

* Amitabh trabajó en 12 fracasos consecutivos antes de su primer gran éxito Zanjeer.

* Su nombre artístico favorito es Vijay, tal como se ve en más de 20 películas.

* A Amitabh Bachchan se le empezó a llamar Big B a finales de los 90, después de su segunda reaparición con Mrityudaata.

* Durante el rodaje de Khuda Gawah, una película ambientada en Afganistán, el gobierno afgano aportó un refugio de las Fuerzas Aéreas para la protección de Amitabh. La película sigue siendo la más vista del cine indio en Afganistán.

* La canción Rang barse de Silsila y algunas partes de la letra de Alaap fueron escritas por su padre, el Doctor Harvanshrai Bachchan. También la poesía en Agneepath.

* Amitabh es ahora estrictamente vegetariano y abstemio.

* Amitabh Bachchan es ambidextro.

* Es el primer actor asiático en tener una figura de cera expuesta en el museo Madame Tussaud en Londres. Otras estatuas están instaladas en Nueva York y Hong Kong.

* En 2001, Amitabh Bachchan fue honrado con el premio "Actor del Siglo" en el festival de cine de Alejandría, en Egipto.

* Amitabh fue nombrado actor del milenio en una encuesta de la BBC News, por encima de eminencias como Charlie Chaplin y Marlon Brando.

* En 2003, fue nombrado ciudadano honorario del pueblo francés de Deauville.

* Bruce Willis una vez comento, en la inauguración de Planet Hollywood, que le señor Bachchan era "más grande que cualquier estrella de Hollywood".

* A Amitabh le fue concedido el Padma Bhushan, uno de los mayores galardones civiles en India, en 2001.

* Amitabh odia la palabra Bollywood, la palabra que más se usa para describir la industria del cine hindú.

Capítulo 3: Un insensato introvertido se convierte en "el pintor más inmaculado" que ha nacido nunca

EN LA BELLA CIUDAD de Lieden en los Países Bajos, vivía un molinero llamado Herman Gerritszoon Van Rijn. Herman se casó con Neeltgen Willemsdr Van Zuytbrouck, la hija de un panadero.

Leiden era un pueblo rico y próspero. Dos afluentes del Viejo Rin, entraron en la ciudad por el este, y se unieron en el centro del pueblo. Numerosos pequeños canales fueron atravesando el pueblo revestido de árboles a ambos lados.

LA pareja fue bendecida con 10 hijos (con dos muertos en la infancia). El 15 de julio de 1606, su octavo hijo nació. El chico Van Rijn desde su infancia ya fue diferente. Le fascinaba la naturaleza y la belleza de su pintoresco lugar de nacimiento. Pasaba día en soledad admirando el campo holandés. El cielo azul lleno de nubes, los abedules, robles y arces, y el sol brillando a veces el canal o poniéndose sobre él.

Van Rijn pudo haber sido panadero o molinero siguiendo la tradición familiar pero sus padres lo enviaron a una escuela latina. Todo el mundo en la escuela conversaba en latín así que el chico pronto se hizo competente en latín. También recibió exhaustivos conocimientos de historia, expresiones retóricas, veracidad histórica, precisión textual e historias clásicas y bíblicas de los libros católicos de Cicerón, Virgilio, César, Salustio, Livy, Esopo, etc.

Van Rijn fue admitido en la Universidad de Leiden pero no pudo completar sus estudios. Su corazón deseaba otra cosa. Su destino lo llevaría a otro lugar. Quería pintar. Ser un artista. "Era maestro de su vida, perdido en medio de su pequeño pero hermoso mundo".

Los padres de Van Rijn estaban desconcertados. Pero no se opusieron a sus inclinaciones artísticas. Le enviaron con Jacob Van Swavenburgh, un desconocido y "sin talento" pintor de Leiden.

El joven pasó los tres años siguientes aprendiendo los fundamentos de la pintura de Swavenburgh. Insatisfecho, se mudó a Ámsterdam para estudiar con Pieter Lastman, conocido por sus pinturas históricas. En esa época, compradores de arte comunes solían preferir el arte que retrataba escenas de la vida cotidiana, paisajes y naturaleza muerta. Pero Van Rijn estaba absorto en la pintura histórica y religiosa. Allí también aprendió las técnicas del uso de la luz y la sombra, conocidas como el recurso del claroscuro.

A los 18 o 19 años, Van Rijn volvió a la casa de su padre en Leiden para practicar su oficio. Pasaba días y noches pintando él solo, dominando las técnicas de grabado, un proceso artístico donde el pintor utiliza cristal, cobre o una aguja para tallar en piedra. Se reflejaba en él la presencia de un maestro.

Al cabo de dos años, se había establecido como artista en Leiden. A los 21 años, empezó a enseñar a otros. "La lapidación de San Esteban" fue una de sus primera pinturas, donde como firma personal puso sus propios rasgos a un espectador.

En 1630, la muerte de su padre lo dejó devastado. Fue un duro golpe porque Herman fue un padre alentador y quiso mucho a sus hijos. Alrededor de ese tiempo, Constantijn Huygens, asistente de Stadholder Frederick Henry, visitó el estudio compartido de Van Rijn y su amigo Jan Lievens. Los encontró "a ambos brillantes pero demasiado introvertidos". Pronto Huygens pudo pedir al dúo importantes encargos para el Príncipe de Orange (del Principado de Orange en el sur de Francia), que quería decorar su palacio grecorromano en construcción con arte. Tal como Huygens dejó escrito en su diario, "ni siquiera Appelles (uno de los primeros pintores griegos) podría imaginar lo que un tipo joven, un holandés, el hijo de un molinero, un imberbe, podía armar y expresar".

EL príncipe estaba encantado y pronto empezó a pagar a los dos artistas la gran suma de seiscientos florines. Pero Van Rijn tenía sus propias ideas. Pintaba de la forma que le gustaba pintar, no como otros querían que pintara. Él también parecía incapaz de manejar el dinero, e incapaz de expresarse. Al príncipe le pareció complicado y muy terco.

No obstante, su reputación de extraordinario pintor de retratos se extendía por todas partes. El embajador británico Sir Robert Kerr (1578-1654), luego el primer Conde de Ancrum, dio varios de los cuadros de Van Rijn al rey Carlos I. Entre ellos estaba "su propio cuadro hecho por sí mismo".

El rey Carlos I le envió una invitación para visitar Inglaterra y pintar "Lección de anatomía del Dr. Nicolaes Tulp". En 1632, Van Rijncompletó el cuadro, su primer retrato de un gran grupo. El cuadro le dio mucha fama y afiló su carrera.

Mientras tanto, su vida amorosa también había empezado a florecer. Se enamoró de Saskia Van Uylenburch, la prima de su casero y uno de los hombres más ricos de los Países Bajos. Tenía una sonrisa simpática y una personalidad encantadora. A pesar de ser de una familia de cinco hermanas y tres hermanos, parecía haber un lugar vacío dentro de ella por la muerte de sus padres.

Van Rijn estaba tan afectado por Saskia que incluso prestó a su casero Van Uylenburch (primo y tutor de Saskia) 1000 florines. Esto probablemente garantizaba que, aunque Van Rijn venía de un entorno humilde, los familiares de Saskia no se opondrían al matrimonio. Saskia también estaba dispuesta porque Van Rijn, para entonces, ya se había establecido como un fabuloso pintor de ese tiempo. Finalmente se casaron en 1634.

Saskia no sólo fue el gran amor de Van Rijn, también la inspiración detrás de muchas de sus pinturas. Ella era "una mujer adorable, una modelo escultural y una esposa obediente". Saskia impulsó su carrera poniéndole en contacto con ricos mecenas que hacían cola para encargar retratos. Un ejemplo excepcionalmente bello de este periodo dicen que es el "Retrato de Nicolaes Ruts" (1631, Frick Collection, Nueva York). Además, los trabajos mitológicos y religiosos de Van Rijn estaban muy demandados. Pintó numerosa y dramáticas obras maestras, como "El cegamiento de Sansón" (1636, Frankfurt).

Van Rijn estaba considerado el pintor de retratos más popular. En cuestión de cuatro años, llegó a completar 102 cuadros. Tenía encargos más rápido de lo que podía pintarlos. La gente esperaba meses para que los retratara. Ningún pintor pudo igualar su "claroscuro" o su estilo de "impasto intenso" (la aplicación de pigmento espeso en el lienzo del cuadro).

Pronto su estudio estuvo lleno de alumnos, algunos de ellos (como Carel Fabritius), ya eran pintores con experiencia. Otros de ellos eran: Govert Flinck, Ferdinand Bol, Philips Koninck, Gerbrandt Van Den Eeckhout, Jan Victors, and Leendeert Cornelisz. Yen esos días, todos estaban dispuestos a pagar 100 florines al año por el privilegio de formarse con Van Rijn.

A estas alturas ya habrás adivinado de quién hablo.

Sí, era **Rembrandt Harmenszoon Van Rijn**.

Y ha sido declarado uno de los grandes artistas de todos los tiempos, junto a Shakespeare, Miguel Ángel y Rafael.

Pero la vida nunca es un camino de rosas. Hay un lado sórdido de la vida de Rembrandt que no podemos endulzar.

Y era un terrible hábito que no podía controlar, gastaba alocadamente. Rembrandt compraba las obras de arte, joyas, pinturas y grabados más caros por el aprecio al arte, sin preocuparse por su bienestar económico a largo plazo. Durante las subastas, no paraba de seguir pujando cada vez más alto hasta conseguir el capricho que fuera. Nada podía hacerlo entrar en razón y se mantenía "firme, tenaz, descuidadamente generoso, derrochador y despreocupado".

Y después una tragedia personal tras otra.

Saskia dio a luz a un niño llamado Rombertus. Rembrandt estaba encantado. No podía resistirse a dibujar bocetos de su hijo recién nacido y su esposa. Sin embargo, poco duró su felicidad, ya que Rombertus murió al poco tiempo.

Unos años después, su esposa dio a luz a una segunda hija. Pero una vez más le golpeó la tragedia, esta niña llamada Cornelia, también falleció tan sólo tres semana después de nacer. La tercera hija, llamada también Cornelia, murió con sólo un mes de vida.

Entonces la adorada madre de Rembrandt falleció. La madre con la que estaba tan conectado. La madre que era su auténtico apoyo. La madre que tenía fe ciega en sus capacidades artísticas. La madre por la cual no quería marcharse a Ámsterdam. Aun sabiendo que, al contrario de Leiden, que era un pequeño pueblo "universitario", Ámsterdam era una ciudad de "ricos" y "pudientes." Lleno de mecenas que podían permitirse magníficos retratos de sí mismos y pinturas de escenas históricas y religiosas. La muerte de su madre destrozó a Rembrandt y casi lo destruye desde sus adentros.

Mientras, Saskia dio a luz a su cuarto hijo, un niño llamado Titus. La felicidad parecía volver a la familia de Rembrandt. Pero ¡ay!, eso fue efímero. La salud se deterioraba. Estaba claro que no viviría mucho tiempo. Probablemente, el nacimiento de cuatro niños entre 1635 y 1641 era demasiado daño con el que lidiar en esos tiempos de instalaciones médicas primitivas.

Consciente de que le quedaba poco tiempo, Saskia escribió un testamento el 5 de junio de 1642, dejando su herencia a su marido y su hijo. Rembrandt pudría poseer todas las pertenencias, el capital y los intereses a menos que se volviera a casar. En ese caso, la mitad de las pertenencias serían puestas en fideicomiso a Titus.

Saskia murió ese mismo año. Tan sólo tenía 30años. Rembrandt estaba devastado. Había perdido todo en la vida. El amor que ansiaba, y la agudeza financiera de Saskia que necesitaba para mantenerse.

La carrera de Rembrandt iba en declive. Le encargaron pintar "La ronda de noche". Cuando el cuadro estuvo terminado, dejó a la gente conmocionada. No es que su arte se hubiera deteriorado. Era que la gente lo encontró demasiado oscuro e inaceptable para la gente retratada en él.

Consideraban a Rembrandt arrogante por no pintarlos de la forma que deseaban ser pintados. Sus pinturas dejaron de ser la atracción del pueblo. Por si esto no era suficientemente malo, los familiares de Saskia comenzaron una disputa por las pertenencias con él.

Mientras, un rayo de esperanza brillaba en el horizonte. En 1649, siete años después de la muerte de Saskia, Rembrandt se enamoró de Hendrickje Stoffels. Ella tenía casi la mitad de la edad de Rembrandt, pero se había entregado a él desinteresadamente como su ama de llaves. No se pudieron casar por las condiciones que se estipulaban en el testamento de Saskia. Esto incluía que Rembrandt debía pagar 20,375 florines a Louis Crayers, el tutor de Titus, antes de poder casarse con nadie.

En 1652, Hendrickje dio a luz , pero el bebé murió pronto. En 1654, Hendrickje fue bendecida con otro bebé, una niña a la que llamaron Cornelia (otra vez). La familia de Rembrandt estaba una vez más llena de alegría por la llegada de una adorable niña.

Pero la terrible gestión del dinero de Rembrandt no le dejaba un momento de paz. Pedía préstamos a todo el mundo. Sus alumnos le abandonaron porque NO pintaba lo que demandaba el mercado. Rembrandt se declaró en bancarrota en1656.

Todo lo que poseía se puso a subasta, incluido su casa, donde había pasado dieciocho años de su vida. Era una subasta no sólo de sus posesiones, sino de su reputación, sentimientos, recuerdos y emociones. Toda su colección de arte y antigüedades incluyendo, antiguas esculturas, pinturas del renacimiento flamenco e italiano, arte del lejano oriente, obras holandesas contemporáneas, armas, y armaduras, se vendieron por cantidades ridículamente bajas.

Aunque no podía casarse con Hendrickje por sus problemas financieros y las cláusulas del testamento de Saskia, Rembrandt siguió viviendo con ella y sus hijos Titus y Cornelia. La familia se mudó a una casa alquilada en Rozengracht (ahora el número 184) en el distrito Jordaan de Ámsterdam. Al igual que Saskia, Hendrickje también fue la inspiración de muchas pinturas.

Rembrandt continuó pintando y produciendo geniales pinturas como: La novia judía (1665), Los síndicos de los pañeros (1661), Jacob bendiciendo a los hijos de José (1656), y un autorretrato (1658). Sin embargo, su vista se debilitaba, no podía pintar como lo hacía antes.

El 15 de diciembre de 1660, Hendrickje y Titus cambiaron la empresa y el comercio de "pinturas, arte gráfico y grabados en piedra y madera" de Rembrandt a su nombre, aliviando así su control financiero. Titus se convirtió en su heredero universal. Pero las tragedias todavía perseguían a Rembrandt. En 1661 Hendrickje enfermó de gravedad y falleció en 1663.

El hijo de Rembrandt, Titus, se casó con Magdalena Van Loo, hija de un platero (y prima suya) el 28 de febrero de 1668. Pero la felicidad fue asombrosamente efímera Titus sucumbió a la peste el 4 de septiembre de 1668, cuando sólo tenía 27 años. Su hija Titia Van Rijn está registrada como bautizada en la capilla de Nieuwezijds el 22 de Marzo de 1669, seis meses después de la muerte de su padre.

Rembrandt era pobre viejo con el corazón roto. El último rayo de esperanza había desaparecido de su vida.

Dio su último suspiro el 4 de octubre de 1669, once meses después de la muerte de su hijo. Fue enterrado, como cualquier otra persona pobre, en Westerkerk, Amsterdam, a los pies de una escalera de la iglesia por el precio de trece florines.

Rembrandt permaneció como un enigma toda su vida. Fue un derrochador o un tacaño, terco o estúpido, entusiasta o insensato, ninguna etiqueta puede hacer justicia a su vida. Pero lo que está demostrado es que Rembrandt tenía la rara habilidad de transformar la cara más fea en la más hermosa de las pinturas.

Una vez dijo:

"Por supuesto que dirás que debo ser práctico y debo intentar pintar de la forma que quieren los demás. Bueno, te contaré un secreto. Lo intenté, lo intenté de verdad, pero no puedo hacerlo. ¡Simplemente no puedo! Y es por eso que estoy un poco loco".

Pero gracias a su locura, podemos ahora experimentar la "realidad" detrás de numerosas emociones humanas que probablemente no podríamos. Hoy, incluso después de cuatro siglos, en cualquiera de los mejores museos del mundo, nos encontramos con una obra de este genio y nos quedamos alucinados.

La crítica de finales del siglo XIX Emile Michel dice:

"Rembrandt, en efecto, pertenece a la raza de artistas que no pueden tener descendencia, la raza de Miguel Ángel, la raza de Shakespeare, de Beethoven. Como estos Prometeos del arte, él quería cautivar la vida celestial, poner las vibraciones de la vida en forma inmóvil, expresar de forma visible lo que por naturaleza es inmaterial e indefinible."

El museo de Rembrandt en Ámsterdam se conserva de la misma manera que cuando el gran artista lo compró en 1639, a los 33 años. La casa vio la creación de muchas grandes pinturas, y también muchas tragedias personales. Su primera esposa y tres de sus hijos murieron allí. En 1656, Rembrandt, después de su bancarrota, fue obligado a mudarse de esta casa. El nuevo propietario fue Lieven Simonsz, había comprado la propiedad por 11.218 florines. Él había añadido entonces el piso superior y el tejado, dándole la apariencia que tiene hoy. El gobierno holandés adquirió la propiedad en 1911, para honrar la memoria de este venerado artista nacional y como buen ejemplo de la arquitectura holandesa del siglo XVII.

Da que pensar.

Rembrandt dominó sus técnicas en soledad. No hay mejor manera de mejorar para un artista introvertido. Si quieres llevar to habilidad a otro nivel, hacen bien pasando más tiempo contigo mismo.

Rembrandt es un ejemplo terrible a seguir en cuanto a administración de dinero. Si quieres ser un artista adinerado, asegúrate pues de tener conocimientos financieros. También debes ser bien consciente del impacto de tus inversiones y gastos.

Pero en cuanto a lo que tiene que ver con tu habilidad, sigue el ejemplo de Rembrandt de seguir tu corazón. No te preocupes si tus libros, pinturas, música o películas no tienen éxito a corto plazo. Si sigues a ello, mejorando tu habilidad poco a poco, nadie sabe lo que el destino tiene preparado para ti.

"Una pintura de Rembrandt no sólo detiene el tiempo que hizo que el tema fluir hacia el futuro, también lo hace fluir hacia atrás hasta tiempos remotos. Por los medios de este procedimiento, Rembrandt logra la solemnidad. Él, por consiguiente, descubre

por qué, en todo momento, todo evento es solemne: lo sabe por su propia soledad."

Jean Genet, "Something Which Seemed to Resemble Decay" (1964), transcripción. Bernard Frechtman, Antaeus (edición de primavera de 1985)

Capítulo 4: Un profesor aburrido garabatea en el examen de un alumno y crea un taquillazo mundial

JOHN SOLÍA CAMINAR por la calle, inmerso en sus pensamientos, con una sonrisa aturdida apareciendo en su cara de forma ocasional. Su pelo volviéndose canoso, su rostro calmado pero arrugado con su miles de experiencias del mundo. Alguna gente se cruzaba con él sin notarlo.

John involuntariamente suspiraría de alivio. Odiaba ser tratado como una celebridad. Las cartas de sus fans que llenaban su buzón a miles le molestaban un montón. Su teléfono sonando constantemente le volvía loco. La gente quería saber más de sus originales personajes. Querían entender e incluso usar el extraño idioma que había creado.

John, como todos los introvertidos, aborrecía ser el centro de atención. Él quería una vida en la que pudiera centrarse tranquilamente en su búsqueda creativa. Por eso admiraba tanto Oxford, con sus capiteles de ensueño y las verdes praderas. No es que fuera antisocial. Es que él prefería pasar más tiempo con su familia y amigos que con sus fans.

Ocasionalmente sí acudía a fiestas, alguna vez incluso vestido de oso polar. Esto fue probablemente para demostrar que no era el típico catedrático de Oxford estirado, reservado y distante. Pero aun así, le gustaba mantener una actitud discreta.

Y no había un lugar más tranquile que Oxford para hacerlo. El lugar realmente encajaba con su personalidad.

Su creciente fama a menudo lo asustaba. No sabía cuándo o cómo sus cuentos de poderosos reyes, gloriosas ciudadelas su habían convertido en el último grito en Gran Bretaña. Los fans lo devoraban y pedían más. Los críticos lo elogiaban o lo ponían como la peor obra literaria jamás publicada en la historia de la humanidad.

"Es más un cuentacuentos que un escritor", se quejaban algunos.

John se enfadó al descubrir que sus libros habían sido pirateados y se estaban vendiendo a millones en los Estados Unidos. Quería reprender a sus editores por ser tan lentos en cruzar el Atlántico. Al mismo tiempo, se sentía secretamente alagado de que alguien se hubiera tomado la molestia de piratear sus libros.

Su nueva saga se había convertido en la biblia de la "sociedad alternativa" y había comenzado una revolución de fantasía. En primer lugar, "Dragones y Mazmorras", un juego de rol, fue creado y se convirtió en un furor a finales de los años sesenta y principios de los setenta. Después se afirma (e incluso lo confirma George Lucas) que la famosa saga de Hollywood "La Guerra de las Galaxias" está inspirada en la trilogía de John.

Todo el mundo quería saber que sería lo próximo que escribiría. Los periodistas quisieron entrevistarlo. Pero como toda la gente callada, John odiaba toda esta impertinencia. Así que simplemente se mudó a Bournemouth para terminar otro volumen. Mientras tanto, ¡las revistas se quejaban de que era más fácil entrevistar al Primer Ministro que a John!

¿Quién era este John? Empecemos por el principio.

John nació en 1892 en Bloemfontein, Sudáfrica. Su vida estuvo llega de acontecimientos extraños. ¡Incluyendo su "robo" por parte de Isaac, un sirviente de confianza de su familia, quien se lo llevó a su pueblo para enseñar cómo era el aspecto de un bebé blanco!

Más adelante, un día que vagaba afuera en su jardín, John notó un objeto negro y grande que semejaba un guante. Se acercó a echar un vistazo, tropezó y se cayó. La cosa negra de repente cobró vida y le mordió.

John se levantó y corrió por el jardín, gritando de dolor hasta que su niñera lo detuvo y notó la picadura de insecto en la mano. Ella reconoció que era la picadura de una peligrosa tarántula. Reaccionando instintivamente, tal como le habían enseñado en el campo. La niñera puso su boca en la picadura y succionó el veneno. John sobrevivió, pero el incidente lo persiguió el resto de su vida. Las arañas aparecían de vez en cuando en sus historias como esas cosas espeluznantes, perversas y malvadas.

Por desgracia, John perdió a su padre cuando apenas tenía cuatro años. Después perdió a su madre, por causa de la diabetes, cuando tenía doce años. Los abuelos de John ya habían renegado de su madre porque ella y sus hijos se habían convertido al catolicismo. Así que John, junto con su hermano, tuvo que trasladarse a un albergue donde un sacerdote católico se ocupó de ellos. Allí conoció por primera vez a Edith Bratt.

John pronto se enamoró de esa preciosa chica. Pero había un problema técnico. Edith era tres años mayor a John. Cuando el sacerdote descubrió lo que él pensaba era un encaprichamiento no acorde con las costumbres de aquella época, alejó a Edith.

Pero John estaba decidido, y en el momento en el que pudo poner un pie fuera de esos albergues, se casó con Edith el 22 de marzo de 1916 en Warwick.

John había ido a Oxford a los clásicos, inglés antiguo, gótico, galés y finés. El curso no le pareció un reto ni excitó su intelecto ni una pizca Por lo que recibió una decepcionantemente baja segunda clase.

John decidió entonces cambiarse a Lengua y Literatura inglesa. Su trabajo duro y determinación valieron la pena, alcanzó un título de primera clase en el examen de licenciatura del Exeter College.

En 1916, la Primera Guerra Mundial acechaba. En el horizonte. John creía que lo que hacía Alemania era pura maldad. Se alistó con los Fusileros de Lancashire como segundo teniente. Se despidió de Edith con un beso y se fue a entrenar en Staffordshire. John finalmente entró en acción en la batalla de Somme.

La batalla se proclamó como victoria, pero no para John. Había perdido la mayor parte de sus amigos más cercanos. John había sobrevivido a la guerra, pero su alma quedó marcada para siempre. Le persiguieron pensamientos terribles, flashbacks y pesadillas. La guerra lo había dejado emocionalmente vacío y entumecido. En términos médicos, estaba sufriendo de PTSD o trastorno por estrés postraumático.

De forma intermitente, también sufrió de fiebre de las trincheras, una enfermedad infecciosa caracterizada por la fiebre, dolores de cabeza, músculos, huesos y articulaciones doloridos, y lesiones en la piel. Aparentemente, los piojos en el cuerpo, de los soldados que luchaban en las trincheras y que no se aseaban, son los que transmitían esta enfermedad. La enfermedad era lo suficientemente seria como para justificar la hospitalización de John durante un mes en Birmingham.

Para poner orden en el revoltijo de sentimientos, John se zambulló en la escritura. Temas de gnomos y elfos, el ascenso y caída de los dioses y sus hijos, y un mal amenazante se convirtieron en el centro de sus historias. En 1925, recibió una oferta para enseñar en Oxford. En este momento, John había también mostrado interés en los orígenes de la lengua galesa. Fue miembro fundador de un club de escritores llamado *The Inklings*, el cual contaba entre sus miembros a C.S. Lewis y a Owen Barfield. Se veían a menudo con una copa para comentar obras literarias. Una vez más, John había creado un nuevo grupo de amigos con quien él podría compartir sus intereses y su pasión.

Un día, John estaba ocupado corrigiendo exámenes, un trabajo tediosamente aburrido que podría matar de aburrimiento a cualquier profesor. Descubrió una página en blanco dejada accidentalmente por el examinando. La imaginación salvaje de

John tomó el control. ¿Un mago ha hechizado esta página? ¿O es que una fuerza oscura antinatural había tomado el control del estudiante?

De repente, John sucumbió al deseo incontrolable de escribir algo en ese papel en blanco. Como si estuviera poseído, cogió su pluma y garabateó:

"En un agujero en el suelo vivía un Hobbit".

Eso sí, no un conejo, un HOBBIT. Pero ¿qué significa un hobbit? ¡Ahora John tenía que averiguarlo!

Por lo que escribió historias cortas que describían a estas pequeñas criaturas de apariencia humana con pelo en los pies. Estas historias fueron descubiertas más tarde por Susan Dagnall , una empleada de la firma editorial George Allen and Unwin. Le pidió a John que le contara más sobre estos interesantes personajes. Por lo que escribió lo que sabía sobre Hobbits y le envió una recopilación de historias cortas. Entonces se los entregaron al presidente de la firma, quien se los dio a su hijo de 10 años para leer. Al hijo le encantó y el libro fue publicado en 1937 como " *El Hobbit.* "

El libro tuvo un éxito salvaje tanto en niños como en adultos. Así que el presidente le preguntó a John si tenía alguna otra obra similar. John le presentó al presidente una recopilación de historias cortas y poemas que él llamó " *Quenta Silmarillion.* "

La reacción del presidente fue variada. Le gustaba cómo escribía John, pero no le importaba mucho sus poemas. *El Silmarillion,* por lo tanto, no fue publicado. John estaba devastado. Había pasado casi 20 años recopilando este tomo. Sin embargo, accedió a escribir una secuela de " *El Hobbit.* "

Le llevó 16 años más de duro trabajo para terminar este enorme proyecto. Derramó toda su sabiduría y su imaginación en estas historias. Pasó cientos de horas aporreando su máquina de escribir. Lo que terminó fue una obra que tocó el corazón de millones de personas.

El libro fue conocido por el nombre popular de **"El señor de los anillos".** "Me inspiré en antiguos mitos europeos, con sus propios sistemas de mapas, historia y lenguas, fue una recopilación de seis libros estrujados en tres volúmenes."

John lanzó la primera parte de la serie, *La comunidad del anillo,* en 1954. *Las dos torres* y *El retorno del rey*, en 1955, terminando la trilogía. Los libros les dieron a los lectores un rico tesoro literario habitado por elfos, duendes, árboles parlantes y todo tipo de criaturas fantásticas, incluyendo personajes como el mago Gandalf y el enano Gimli.

BBC puso una versión resumida de la serie en su emisora de radio en 12 segmentos en 1956. El dinero llovía a partir de ahí.

A estas alturas, ya habrás adivinado quién es este John... Sus amigos se refieren a él como Tollers. Su nombre completo era John Ronald Reuel Tolkien o **JRR Tolkien**. Algunos de sus fans también lo llaman J.R.R.T. lo cual no parecía importarle.

Sin duda Tolkien tenía un coeficiente intelectual muy alto. Prueba de ello fue su rápido ascenso como eminencia académica (cátedra a los 32 años), y su habilidad en general para comprender y aprender rápido. También era conocido por su habilidad para resolver problemas innovadores y para razonar de forma abstracta.

Viviendo en una época extraordinariamente vívida y creativa, Tolkien ha sido aclamado como genio creativo, incluso como un "autor del siglo". El mundo que creó en su trilogía de fantasía era totalmente fruto de su imaginación, y a la vez tan absorbente que cualquiera podía identificarse con él.

Tolkien se jubiló en Oxford en 1959 y se mudó a Bournemouth. Pero todavía fluían sus jugos creativos. Pronto publicó una colección de poesía y ensayo, *Árbol y Hoja*, y el cuento fantástico *El herrero de Wootton Major*.

La esposa de John, Edith, murió en 1971. Abrumado por la pérdida, John dejó a un lado *El Silmarillion* y regresó a Oxford con habitaciones proporcionadas por Universidad de Merton. En 1973, a los 81 años, Tolkein recibió de la Reina de Gran Bretaña la *Orden del Imperio Británico*. Tristemente, también murió ese mismo año el 2 de septiembre de 1973. Le sobrevivieron cuatro hijos.

El hijo de Tolkien Christopher asumió la responsabilidad de editar varias obras que no estaban terminadas en el momento de la muerte de su padre. Esto incluía *El Silmarillion* y *Los hijos de Húrin*, los cuales fueron publicados de forma póstuma. *The Art of the Hobbit* fue publicado en 2012 y contiene ilustraciones originales de Tolkien.

Da que pensar.

J.R.R. Tolkien fracasó miserablemente siempre que se disponía a hacer cosas que no le apasionaban. Pero cuando se combinaron su pasión y su creatividad, ocurrieron cosas increíbles. Esto es evidente de toda su vida.

Tolkien obtuvo bajas calificaciones cuando estudiaba los clásicos. Cuando pasó a Inglés, comenzó a destacar, recibiendo becas y una cátedra completa en Oxford a la edad de 32 años. Antes, en su misión de estar en Oxford, aceptó trabajar como lexicógrafo ayudante en el Diccionario Inglés de Oxford. Pero esa carrera fue efímera ya que Tolkein odiaba trabajar en diccionarios. Muchos de sus manuscritos quedaron inacabados y abandonados años más tarde porque trataban de temas que no le gustaban tanto.

Pero cuando se le importaban las cosas, ocurría la magia. Su trilogía de fantasía "El Señor de los anillos" se ha convertido en inmortal. La trilogía de Los Anillostambién fue adaptada por el director Peter Jackson en un trío de películas altamente populares y ganadoras de premios, protagonizadas por Ian McKellen, Elijah Wood, Cate Blanchett y Viggo Mortensen, entre otros.

En lugar de ser un "bastante típico profesor de Inglés estirado y cohibido de su época estirada y cohibida ", John era percibido como extremadamente agudo. En general, JRR Tolkien fue un hombre extraordinario con una mente extraordinaria, quien no era sólo intelectualmente brillante, sino también muy creativo.

Muchos escritores han tratado desde entonces de crear historias con la esperanza de competir con "El Señor de los anillos" pero han fallado miserablemente. J.R.R. Tolkien una visión, una vos y una perspectiva únicas a las que nadie se podrá acercar.

La gran pregunta es: ¿Qué te apasiona? Los introvertidos hablan menos pero a menudo están dotados de una rica imaginación. ¿Has pensado alguna vez en combinar tu pasión con tu imaginación creativa?

Inspírate en J.R. R. Tolkien y haz lo que te encante hacer.

"No todo lo que es oro reluce,

No todos los que vagan están perdidos;

El viejo que es fuerte no se marchita,

La escarcha no alcanza las raíces profundas.

De las cenizas surgirá una llama,

Una luz brotará de las sombras;

La espada rota será de nuevo forjada,

Aquel sin corona será de nuevo rey

–J.R.R. Tolkien, La comunidad del anillo

Capítulo 5: El Mozart reservado de Madras

EN UNA PEQUEÑA ESCUELA en Madras (ahora llamado Chennai), en la India, había un niño llamado Dileep. Su pelo era rebelde y tan largo que siempre le caía sobre los ojos.

"Dileep, córtate el pelo", le ordenaban los profesores en vano. Siempre tan despistado, el niño continuó llevando el pelo largo.

Sus maestros lo consideraban extremadamente tímido. Siempre intentaba sentarse en primera fila, pero mantenía su cabeza bajada como en profunda reflexión. ¡Y simplemente no hablaba ni sonreía!

Tanto como odiaba atraer la atención, Dileep fue, sin embargo, muy demandado. Y esto era debido a su extraordinaria maestría de las notas musicales.

Había aprendido a tocar el piano a los cuatro años. Dileep obviamente había heredado sus genes musicales de su padre, quien solía componer y escribir canciones para las películas en idiomas del sur de India, en concreto tamil y malayalam.

La escuela solía organizar programas culturales vez en cuando. Dileep era el único que podría tocar el teclado brillantemente, y el único que podía componer. Decualquier manera, Dileep estaba en el candelero.

Pero era exasperante, Dileep nunca seguía las órdenes. Durante los conciertos, sus profesores le pedían que mirara al frente y mirara a los ojos del público, pero él nunca obedecía. Él sólo escucha a su corazón y tocaba como él deseaba. Cuando otros le pedían que tocara "música alegre", él tocaba "música triste" ¡Si su corazón así lo deseaba!

¡Si alguien le dijera a los profesores que algún día este estudiante distraído sería director musical de primera clase, ganador de Grammies y compositor de Bollywood, se habrían desmayado!

Sin embargo, Dileep siguió teniendo una infancia difícil. Perdió a su padre cuando tenía apenas 9 años. De repente su familia se quedó sin fuente de ingresos regulares. Para sobrevivir, tuvieron que alquilar los instrumentos musicales de su padre.

Dileep abandonó pronto la escuela. Tenía una madre y tres hermanas de las que ocuparse. Así que por la edad de 11 años, tocaba piano profesionalmente para ganarse la vida.

Su talento no pasó desapercibido. Pronto estaba tocando junto a artistas de clase mundial como Zakir Hussain (el maestro de tabla) y L. Shankar (el violinista). Incluso en su adolescencia, Dileep acompañaba a los grandes en sus giras mundiales.

El trabajo duro de Dileep fue recompensado cuando ganó una beca para estudiar música clásica occidental en el Trinity College, Oxford. Sin embargo, el viaje no fue fácil. Dileep tenía que dominar una herencia musical extranjera, en un idioma extranjero, en un ambiente extranjero. Pero lo hizo todo con aplomo.

De vuelta en India, al principio el trabajo era de sintonías para televisión y radio. Dileep agarró la oportunidad con ambas manos y pasó a componer música para para más de 300 sintonías. La experiencia enseñó a Dileep la capacidad de expresar un mensaje poderoso o un estado de ánimo en un pequeño periodo de tiempo.

Siendo Dileep una persona tan reservada, utilizó la mayor parte de sus ganancias en montar un estudio de primera categoría en su propia casa. Esto le permitió componer música en casa, en espléndida soledad ¡y a menudo en plena noche!

Fue durante esos días, a principios de 1990, cuando conoció por casualidad al famoso director de cine Mani Ratnam . Mani había oído algunas muestras del trabajo de Dileep y estaba tan impresionado que lo contrató para su próxima película en tamil: *Roja*. El disco fue un gran éxito incluso entre el público no tamil. Las ofertas comenzaron a lloverle y no hubo nada que parase lo que Dileep podía hacer con su música.

El primer contrato de Dileep para una película hindi fue para la película *Rangeela*, en 1995. El éxito masivo de sus melodías inusuales le llevó a componer muchos más discos de éxito. Sus actuaciones posteriores en *Bombay* (1995), *Dil Se, Taal* (1999), *Zubeida* (2001), *Lagaan* (2001), *Rockstar* (2011), *Jab Tak Hai Jaan* (2012), *Tamasha* (2016) y así sucesivamente fueron simplemente algo de otro mundo. Dileep pudo componer música para más de 100 películas tanto de Bollywood como de Hollywood. Sus discos han vendió más de 100 millones de copias en todo el mundo.

El mayor éxito de Dileep vino en 2008, cuando se convirtió en el primer asiático en ganar un Globo de Oro, un premio de la Academia Británica de Artes Cinematográficas y Televisivas (BAFTA, por sus siglas en inglés), y dos Oscar por las conciones "Jai Ho" y "O Saya" de la película *Slumdog Millionaire*. Su película de Hollywood "Todo incluido" le hizo ganar el premio BMI London de Mejor Banda Sonora. Ron Fair, un compositor y cantautor de Los Angeles lo declaró "uno de los más grandes compositores vivos del mundo en cualquier medio".

Ya habrás adivinadoa estas alturas a quién me refiero.

El genio responde al nombre de Allah Rakha Rahman, o **A. R. Rahman**.

N.B. El nombre de Dileep lo cambió su madre. Desconsolada por la muerte de su marido, y el consecuente infortunio que cayó sobre su familia, ella una dargah *de los santos sufíes* (un santuario). Allí le aconsejaron acogerse al Islam y cambiar el nombre de su hijo a A. R. Rahman, y lo hizo.

Rahman tiene la impresionante habilidad de abarcar diferentes tradiciones musicales: occidental, oriental e hindú. Sus composiciones han integrado estilos del jazz al rock, del pop al west-end, tradiciones religiosas como Bhajans y música sufí, e incluso temas de las culturas de Asia occidental.

Dos veces ganador y cinco veces nominado a los Oscar, Rahman ha actuado para público de todo el mundo. También ha compuesto música para películas chinas como "*Guerreros del cielo y la tierra*" en 2003.

La historia de Rahman es del todo de mendigo a millonario. También sirve de inspiración a millones de artistas reservados de todo el mundo. Profundamente espiritual y siempre tan humilde, no ha dejado que el éxito se le suba a la cabeza. Todavía recuerda el día en el que había vuelto a casa, deprimido y desilusionado con la vida. Consciente de su ánimo, su madre le aconsejó "¿Por qué no vives para los demás y encontrarás así un sentido a la vida?"

Después de ganar el Oscar, preguntaron a Rahman "¿Qué te falta por conseguir?"

Él respondió: "*Bueno, no he conseguido nada. No he terminado con la pobreza. No he impedido las guerras... tan sólo soy un pequeño músico que ha ganado un premio ¡Eso es todo!*"

¿Qué podrán entonces aprender de él los artistas callados?

Nunca dejes tu hogar, si eso es lo que te complace.

Bombay está considerada la meca de los artistas indios, una ciudad en donde se han cumplido muchos sueños. Habría sido más fácil para Rahman ganarse la vida en Bombay. Pero en cambio decidió quedarse en casa. En Chennai, donde creó un estudio de primera llamado " Panchathan Record Inn" en su patio trasero. Este es a día de hoy uno de los estudios de grabación mejor equipados y avanzados de la India.

Rahman todavía hoy crea su música ahí. Mientras está cómodo en casa. Lo que la gente no sabe, o ignora a menudo, es que ha alcanzado un gran éxito sólo trabajando desde casa. Sólo desde aquí puede dedicar el 100% de su tiempo y compromiso a nutrir sus fuerzas creativas.

Hoy Rahman continúa alcanzando nuevas cimas con sus composiciones musicales. Viendo su progreso, nos podemos inspirar en la manera en que ha convertido su introversión en su fuerza, confundiendo a los críticos. Satyajit Bhatkal en su libro, "El espíritu de Lagaan, "acusa a Rahman de ser" *un recluso, un introvertido hasta el punto de tener miedo de cualquier interacción pública. "*

Bhatkal dice "*su (de Rahman) trabajo como compositor tiene lugar a través de los muertos de la noche, en su estudio iluminado por las velas de un sagrado dargah. El silencio y la soledad son sus compañeros constantes en el trabajo. Tal vez, es sólo la inspiración que viene de un viaje espiritual lo que podría haber producido la música que él hace. ¡Si Rahman fuera sensible a las tensiones de los productores, no habría podido ser tan creativamente fértil!!*"

Pero esto es lo que un A.R. Rahman sin remordimientos dijo sobre la soledad:

"*Tu voz interior es la voz de la divinidad. Para escucharla, tenemos que estar en soledad, incluso en lugares abarrotados.*"

A pesar de estar comprometido con la excelencia, Rahman sigue siendo un intenso hombre de familia. Él adora a su madre y se le cae la baba con su esposa Saira Banu y los niños, Rahima , Ameena y Khatija .

También adora su hogar y su vecindario en Chennai. La noche que volvió a la India después de recibir el OSCAR, pidió a sus fans que no visitaran su localidad molestando a los vecinos. ¡Qué consideración!

Rahman también dibuja claramente una línea entre ser religioso y ser espiritual. Declara que, " *la religión suena vulgar estos días, yo soy más una persona espiritual. Y creo en ser coherente con mi espiritualidad... es la más hermosa pasión. Te pone por encima de todo lo negativo. Para mí y mi música, la espiritualidad es el elemento más importante y no creo que pudiera crear el tipo de música que hago, si no practicara la espiritualidad.* "

Los críticos intentan hacerlo trizas. Lo insultan. Algunos afirman que las personas a las que les gusta su música deben tener muy mal gusto. Rahman no reacciona. Él deja que sus fans decidan lo que es genial y lo que no lo es. Él deja que su trabajo hable por sí mismo.

"Divido las críticas en dos categorías: unas que provienes de quien entiende de música, que son dignos de ser críticos porque son expertos en lo que dicen y luego hay otra categoría de gente que te critica de todas formas, sea tu trabajo bueno o malo."

–A. R. Rahman

Capítulo 6: Un chico con el que se metían a menudo suspende la admisión en la escuela de cine y se convierte en el director mejor pagado de la historia

<hr>

EL CHICO TRANQUILO y soñador volvió de la escuela con la nariz sangrando, OTRA VEZ. Obviamente se habían metido con él. Le golpearon y le patearon. ¿Cuál era realmente el problema?

¿Que sus compañeros pensaban que era idiota?

¿Que sus profesores lo llamaban perezoso?

¿Que él era diferente?

El problema era, que nadie pensaba que tenía un problema.

El muchacho, vamos a llamarlo Steve, ¡era desesperante!

No conseguía completar sus tareas, sin falta. No mostraba ninguna inclinación a mejorar su capacidad de leer o escribir. Steve fue entonces etiquetado como un estudiante mediocre, indisciplinado e insolente a quien le tenían que dar una lección por su propio interés.

Para agravar el problema, Steve soñaba mucho despierto, de manera constante. Se tomaba con calma todos los empujones y las burlas.

"Nunca *me sentí como una víctima*", dijo una vez Steve.

En su interior, Steve sospechaba que tenía alguna discapacidad de aprendizaje, pero nunca lo usó como excusa.

Como todos los soñadores, tenía otras cosas en su mente.

El cine era una.

Steve amaba las películas. Peor aún, quería hacer películas.

Steve creía que películas podían transformar la vida de una persona. Pensó que podrían animar a las personas y salvarlos de sentirse avergonzados.

Pensó que sería genial que pudiera hacer películas no por dinero, sino porque era necesario hacerlas. Pensó que sería buena idea que pudiera hacer películas sobre temas impopulares como la esclavitud, la guerra, el terrorismo y el holocausto.

Parece que Dios escuchó las inusuales plegarias de este chico.

Steve creció y pasó a hacer innumerables éxitos de taquilla. Gracias a su fuerza de voluntad y una inmensa confianza en sí mismo, Steve es hoy tan famoso, que su seguridad piensa que sería asaltado si fuera a la calle sin escolta, en cualquier lugar del mundo.

¿Quién es esta persona realmente y cuál es su historia?

Steve nació en un familia judía ortodoxa el 18 de diciembre de 1946 en Cincinnati, Ohio, Estados Unidos Sus abuelos, por parte de padre, solían vivir en una zona de Austria que es ahora parte de Polonia. Sus ancestros por parte de madre vinieron de Odessa, en Ucrania. En Estados Unidos, su madre era propietaria de un restaurante y su padre era ingeniero eléctrico involucrado en el desarrollo de ordenadores.

A los 12 años, Steve hizo su primera película en 8 mm "El último tiroteo", de unos nueve minutos de duración. En una entrevista para una revista dijo que todo esto ocurrió casi por accidente. Que tenía que hacer un trabajo de fotografía y se encontró la cámara de su padre rota. Por lo que pidió al jefe de tropa si podía usar la videocámara de su padre en su lugar. Y así fue cómo le mordió el bicho del cine.

Un año después, Steve ganó un premio por una película bélica de 40 minutos "Escape to Nowhere". El elenco de la película estaba formado por sus amigos del instituto. La gente estaba de acuerdo en que el muchacho tenía obviamente un don para hacer cine.

Steve pasó a realizar otras 15 películas amateurs en 8mm. a los 16 años, escribió y dirigió su primera película independiente, una aventura de ciencia ficción de 140 minutos llamada "Firelight". La película fue proyectada en un cine local por sólo una noche ¡pero recuperó su coste de 500 dólares!

Animado, y después de terminar la escuela, Steve solicitó una plaza en la escuela de cine de la Universidad de California del Sur. Lo rechazaron porque tenía una nota media de "aprobado".

Entonces sucedió un milagro.

Steve consiguió un pequeño periodo de prácticas impagadas con Universal Studios donde tenía que escribir y dirigir un cortometraje. Steve tomó a la oportunidad, abandonó su carrera académica e hizo un fascinante cortometraje.

El vicepresidente de Universal Studios Sidney Sheinberg quedó tan impresionado que ofreció a Steve un contrato de siete años para dirigir de inmediato. Esto convirtió a Steve en el director más joven en conseguir un contrato a tan largo plazo con Hollywood. Su siguiente película sobre el horror desatado por un tiburón devorador de hombres fue la película más taquillera de su tiempo.

Steve comía, bebía y respiraba sólo películas. Las dirigía para escapar las realidades mundanas y expresar su propio dolor y sufrimiento. Le torturaba el divorcio de sus padres. Le molestaban las explicaciones de cómo sufrieron los judíos en la Alemania nazi. Él no podía ver ninguna gloria en las guerras. Utilizaba todas estas emociones en crear películas.

Steve incluso usa su incapacidad para conectar con sus compañeros en la escuela para crear una película donde un niño entabla amistad con una criatura extraterrestre. La película fue un gran taquillazo.

Steve ha dirigido películas que definen el género al que pertenecen. Cualquier aficionado o crítico de cine que se precie tenía que estudiar obligatoriamente la forma de hacer películas de Steve. La lista era larga e incluía E.T., Indiana Jones, Jurassic park, Amistad, Salvar al soldado Ryan, Atrápame si puedes, Minority Report y La lista de Schindler.

¿Quién es este Steve?

Sí, es el inigualable **Steven Allan Spielberg**.

No cabe duda de que Spielberg es el director de cine más exitoso en la historia de la humanidad. Y sí, sufría de dislexia, un problema por el que el cerebro no logra reconocer los símbolos de la manera de la manera en que los demás lo hacen. Esto disminuye seriamente la precisión de una persona al leer, escribir y deletrear. Tal y como admitió Steven, le llevó más de dos años aprender a leer.

Lamentablemente, la dislexia de Steven no fue considerado una discapacidad a lo largo de su infancia. De hecho fue diagnosticado ¡cuando ya tenía sesenta años! Sin embargo, Spielberg nunca usó su dislexia como excusa para la derrota. De hecho, tomó parte felizmente en una entrevista explicando cómo "lo superó haciendo películas".

"Las *películas realmente me ayudaron, me salvaron de la vergüenza, de la culpa, de cargarlo sobre mí mismo... cuando no era mi carga... Creo que hacer películas fue mi válvula de escape, fue la manera de escaparme de todo eso",* admite Steven.

Spielberg incluso utilizó sus experiencias en la escuela para producir y escribir conjuntamente una película titulada "Los Goonies". La película, un "clásico de culto de los años 80", representado un " extravagante grupo de amigos " que, como

Steven, no tenían las habituales grandes expectativas para deporte como otros estudiantes.

Spielberg pensó que ET fue la película más personal que ha hecho. Las constantes discusiones de sus padres le resultaron traumáticas. Dijo que ponía toallas por debajo de la puerta para amortiguar el ruido de sus peleas. Tal como explicó,

"ET no es tanto sobre un adorable extraterrestre que viene a la tierra, sino que es más sobre la naturaleza del divorcio en América. En la película, los padres del chico están divorciados y su padre está siempre fuera de casa. ET es su manera de llenar el vacío."

Esta tensión en las relaciones entre padres e hijos persiste en muchas de las películas de Spielberg. Padres eran a menudo ausentes, reacios o ignorantes. En "Hook", Peter Banning comienza como reticente padre casado con su trabajo que con el tiempo recupera el respeto de sus hijos. En "Indiana Jones y la última cruzada ", el padre de Indy, profesor de literatura medieval, parece más interesado en sus estudios del Santo Grial que en su propio hijo. En "la lista de Schindler" " Oskar Schindler es reacio a tener un hijo con su esposa. "Munich" tiene a Avner como un hombre apartado de su esposa y su hija recién nacida. En "Atrápame si puedes", los padres de Frank Abagnale se van cada uno por su lado al principio de la película.

Steven piensa que *"los niños de un hogar divorciado siempre resultan dañados"*.

El daño en su caso parece haberle llevado a un montón de neurosis, desde morderse las uñas a fobias sobre el vuelo, el mar, los insectos, la oscuridad, los ascensores e incluso ¡los muebles con patas!

" *Todavía tengo miedo de los ascensores* ", admite tímidamente este famoso director. " *Es algo que viene y va a veces. Tengo que pasar por tantas complicaciones para subir por las escaleras. Tengo que pedirle a la gente que abra la zona de las escaleras. Especialmente en París, donde los ascensores son tan pequeños. Camino diez pisos para evitarlos*".

Mientras crecía en un barrio de blanco y rico de Cincinnati, Steven se encontró con un montón de antisemitismo. Una vez algunos niños de la escuela se reunieron fuera de la casa de su familia coreando "Los Spielberg son sucios judíos". Sus compañeros tosían la palabra "judío" en sus manos cuando pasaban junto a él.

El padre de Steven, Arnold Spielberg, siempre tenía que mudarse por culpa de su trabajo, de Ohio a Nueva Jersey, después a Phoenix, Arizona y finalmente a Saratoga, en California del Norte. Pero allá donde fuera la familia, se encontraban con antisemitismo. Hubo un momento en el que después de oír el comentario antijudío de siempre sobre el tamaño de su nariz, ¡Steven intentó impedir que le siguiera creciendo hacia abajo atándola con celo!

Tal como Steven refleja ahora,

"La *naturaleza del antisemitismo fue siempre la falta de educación. El no entender qué es un judío. Los antisemitas invierten mucha étnica, estereotipos culturales y maldad para algo que les asusta... El efecto que tuvo en mí fue el convertirme en un solitario. Me hizo tímido y retraído e incluso me alejó de mi familia, con la que estaba enfadado por hacerme un judío... Creo que habría sido un marginado social de todos modos, incluso si hubiera sido protestante, luterano o episcopal. Seguiría siendo introvertido."*

A nivel personal, sin embargo, Spielberg sabía que veinte miembros de su familia fueron asesinados en los campos de concentración nazis. Por lo tanto, se sintió empujado a dar cuenta del Holocausto sin trivializar esa tremenda tragedia.

Tal como él explica,

"Tardé diez años en empezar a trabajar el La lista de Schindler y en parte fue debido a mi miedo a no ser capaz de exculparme si aquello trajera nada más que vergüenza a la memoria del Holocausto. No quería menospreciarlo o banalizarlo. He trabajado duro para no suavizarlo ni hacerlo fácil de ver. La película no tiene un final positivo. Sabes que las pesadillas asolarán a las víctimas por el resto de sus vidas. "

Richard Dreyfuss, estrella de "Tiburón" y "Encuentros en la tercera fase ", una vez describió a Steven como un niño de 12 años que decidió hacer películas, y que sigue teniendo 12 años. Spielberg está de acuerdo en que no maduró como realizador hasta que hizo La lista de Schindler.

Steven es, por supuesto, un introvertido confeso. Todavía no llega a leer críticas de su trabajo y no parece importarle lo que los críticos digan de él.

Todavía se le revuelve el estómago antes de ir a las fiestas, incluso con sus amigos cercanos. Siempre se le traba la lengua los primeros diez minutos sin saber cómo empezar la conversación, una sensación muy familiar para los introvertidos.

"Dos *personas allí de pie que no saben qué decirse. Eso sucede mucho* ", admite Spielberg.

Premios y reconocimientos siguen a Spielberg donde quiera que vaya. Ganó el Premio de la Academia por mejor Director dos veces: por "La lista de Schindler" (1993) y "Salvar al soldado Ryan" (1998). "La lista de Schindler" también ganó al Oscar a la mejor película. "Tiburón" había ganado antes tres premios de la Academia (por la edición, sonido y banda sonora). "Encuentros en la tercera fase" (1977) ganó el Oscar en dos categorías (fotografía) y un premio especial por la edición de efectos de sonido. "Las aventuras de Tintin " ganó el premio al mejor largometraje de animación en los premios Globo de Oro en 2011.

En 1998, Steven fue galardonado con la Cruz del Mérito Federal con la Cinta de la República Federal de Alemania. En 1999 recibió la Medalla por el Servicio Público Distinguido del Departamento de Defensa de los Estados Unidos. En 2001, La Reina Isabel II lo honró como -comandante Caballero de la Orden del Imperio Británico (KBE). En 2004, Spielberg fue admitido como caballero de la Légion d'honneur del entonces presidente francés Jacques Chirac. En 2011, fue honrado como un comandante de la Orden Belga de la Corona. En el año

2015, fue galardonado con la Medalla Presidencial de la Libertad del presidente Barack Obama.

En 2006, Premier lo consideró la figura más poderosa e influyente en la industria cinematográfica. Time lo incluyó en la lista de las 100 personas más importantes del siglo. En 2009, la Universidad de Boston le entregó un título honorario de Doctor de Letras Humanas. Steven fue seleccionado como el Presidente del jurado para el Festival de Cannes 2013. La lista de Forbes de los famosos más influyentes en el 2014 coloca a Spielberg como la celebridad más influyente en América. Jess Cagle, Director de Entertainment Weekly, llamó a Spielberg "... *sin duda (bueno, ¿quién dudaría? El más grande cineasta en la historia.* "

Aun no preocupándole las recompensas económicas tres de las películas de Steven, "tiburón" (1975), "E.T. el extraterrestre"(1982) y"Parque Jurásico"(1993), batieron todos los récords de taquilla. Con una recaudación en taquilla superior a los 9 mil millones de dólares en todo el mundo, Spielberg es sin duda el director con más ganancias de la historia. Sus ingresos personales podrían estar por encima de los 3 mil millones de dólares.

Como la mayoría de los introvertidos, a Spielberg le gusta la familiaridad y prefiere trabajar con el mismo equipo de producción película tras película. Por ejemplo, Kathleen Kennedy ha servido como productora en casi todas sus películas más importantes desde "E.T." en adelante. Del mismo modo, para la cinematografía, el amigo de la infancia de Steven, Allen Daviau, ha rodado desde una de sus primeras películas

"Amblin" hasta "El imperio del sol". De nuevo, el editor Michael Kahn ha editado cada película de Spielberg desde "Encuentros en la tercera fase" hasta "Munich" (excepto "E.T."). Y para la música, Spielberg ha trabajado con John Williams para casi todas sus películas (excepto tres) desde "Loca evasión".

A pesar de ser súper exitoso, Steven es muy modesto y sencillo. Él prefiere vegar con sus pantalones vaqueros favoritos. ¡Una vez un periodista lo confundió con un reparador de una máquina de Coca Cola!

Es una lección de humildad el ver que semejante genio da la impresión de estar a la defensiva con los hombros encorvados y las manos en las rodillas. Pero Spielberg se siente orgulloso de ser normal y anónimo. Le encantan las cosas simples de la vida: levantarse a las 6 de la mañana, preparar el desayuno para la familia, llevar a sus siete hijos (incluyendo dos adoptados) a la escuela y demás.

Para él, la vida no vale la pena si no puedes compartir el coche.

"No deberías soñar con tu película, ¡deberías hacerla!"

–Steven Spielberg

Capítulo 7: El callado "profesor piadoso" que escribió los himnos nacionales de tres países y se convirtió en el primer no europeo Premio Novel de Literatura

———

¡ESCRIBIÓ SU PRIMERA poesía a los 8 años!

Nunca fue a la escuela.

Ha compuesto más de 2200 canciones.

Sus cuentos y novelas han inspirado más de 20 películas desde 1927 hasta el 2012.

Fue un poeta, un novelista, un compositor musical, un pintor, un dramaturgo y un viajero empedernido que visitó más de treinta países en los cinco continentes.

Los críticos lo acusan de estar demasiado obsesionado consigo mismo y ser introvertido, mientras que otros lo consideran un genio reservado, una estrella de rock intelectual.

Influyó en figuras como el Premio Nobel japonés Yasunari Kawabata, los chilenos Pablo Neruda y Gabriela Mistral, el escritor mexicano Octavio Paz y los españoles José Ortega y Gasset, Zenobia Camprubí y Juan Ramón Jiménez.

Sus trabajos fueron traducidos al inglés, holandés, alemán, español y otros idiomas por personas eminentes tales como: el poeta británico Yeats, el indólogo checo Vincenc Lesný , el Premio Nobel francés André Gide, el poeta ruso Ana Ajmátova y el ex primer ministro turco Bülent Ecevit.

Su poesía fue adaptada a la música para soprano y cuarteto de cuerda por el compositor Arthur Shepherd.

"Sinfonía lírica" de Alexander Zemlinsky, "Ciclo del amor" de Josef Bohuslav Foerster, el famoso coro de Leoš Janáček "Potulný šílenec (el loco errante)", están basados en sus canciones.

Sus letras inspiraron a Garry Schyman en su "Praan", que acompañó el vídeo viral de la celebridad de internet Matt Harding en 2008.

El compositor anglo-holandés Richard Hageman tradujo y puso música a sus poemas para producir una canción artística altamente apreciada: "Do not go, my love".

El segundo movimiento de "One evening" de Jonathan Harvey (1994) era de una de sus cartas, como también lo era una pieza anterior de Harvey "Song offerings" (1985).

Estableció una nueva Universidad basada en la antigua tradición india de *ashramas,* donde gurús y discípulos vivieron juntos en medio del bosque.

Fue el primer no europeo en recibir un premio Nobel de literatura en 1913.

Recibió el título de Caballero en 1915, el cual devolvió en 1919 después de la espantosa masacre de Jallianwalla Bagh en Punjab.

Fue la voz del movimiento nacional indio y tuvo la talla de criticar incluso a Mahatma Gandhi.

Es famoso por su canción "Ekla Chalo Re" o, literalmente, "Si no responden a tu llamada, camina en solitario, amigo mío...".

India, Bangladesh y Sri Lanka han lo honraron convirtiendo tres de sus canciones en sus himnos nacionales.

Habrás adivinado ya el nombre de este legendario artista.

Sí, él es...

Rabindranath Tagore.

Los bengalíes pronuncian su nombre como *Robindronath Thakur.* Sus compatriotas le llamaban *Gurudev* (el profesor piadoso). Pero todos coincidieron en que era un erudito que reformuló la literatura bengalí, la música y arte de la India (con el modernismo contextual) de finales del siglo XIX y principios del XX.

Nacido en la mansión Jorasanko en Calcuta 7 de mayo de 1861, Tagore fue el menor de los trece hijos sobrevivientes de los padres Debendranath Tagore (1817-1905) y Sarada Devi (1830-1875). Debendranath era un líder de la Brahmo Samaj. Se trataba de una nueva secta religiosa en la Bengala del siglo XIX que trataba de revivir el hinduismo a partir de textos antiguos como *Upanishads.*

La familia Tagore apoyaba activamente a revistas literarias, teatro y recitales de música clásica bengalí y occidental. El hermano mayor de Tagore, Dwijendranath, fue filósofo y poeta. Otro hermano, Satyendranath, fue el primer indio en entrar en la elitista y ferozmente competitiva burocracia india. Jyotirindranath, otro hermano, fue músico, compositor y dramaturgo. Su hermana Swarnakumari fue una novelista.

Tagore escribió su primera poesía a los ocho años. Completó una colección de obras importantes en 1877, cuando tenía apenas 16 años. Uno de ellos era un largo poema en *Maithili* antiguo, al estilo del poeta *Vidyapati*. De broma, decía que estos eran los trabajos perdidos de un "poema recién descubierto del siglo XVII de *Vai ṣ h ṇ ava* poeta *Bhānusi ṃ ha*". ¡Curiosamente, expertos aceptaron alegremente la afirmación!

A los dieciséis años, Tagore dirigió la adaptación de su hermano Jyotirindranath de la obra de Molière *Le Bourgeois Gentilhomme*. A los veinte años, escribió su primera ópera dramática: *Valmiki Pratibha* (el genio de Valmiki).

Su obra Dak Ghar (La oficina de correos, 1912) recogió muy buenas críticas en Europa. Fue aclamado como una historia con un atractivo sin fronteras. Una razón era que trataba la muerte como "libertad espiritual" de "el mundo de la riqueza atesorada y credos certificados".

Esta "extraña" filosofía tenía un efecto profundo en los judíos en los infames campos de concentración de Hitler. En julio de 1942, en el ghetto de Varsovia saturado de nazis, huérfanos al cuidado del médico-educador polaco Janusz Korczak representaron su obra en polaco. La biógrafa Betty Jean Lifton sospechaba que Korczak lo hizo para preparar a los niños en la aceptación de la muerte, la cual parecía inevitable.

Tagore odiaba la educación formal. En cambio, prefería recorrer las fincas familiares o los cercanos lugares idílicos Bolpur y Panihati. Su estadía en el famoso Presidency College de Calcuta duró sólo un día. Años más tarde sostuvo que la enseñanza correcta no debería explicar las cosas, sino sólo alimentar la curiosidad. Describió maravillosamente su odio en el aprender de memoria en "El entrenamiento de los loros", en la cual un ave enjaulada es alimentada a la fuerza con páginas de libros de textos, hasta la muerte.

El padre de Tagore quería que se convirtiera en abogado, así como lo fueron muchos indios prominentes como Mahatma Gandhi o Moti Lal Nehru. Así que a los 17 años, en 1878, Tagore fue enviado a Inglaterra para estudiar en una escuela pública en Brighton, East Sussex. Permaneció en una casa, propiedad de la familia Tagore, llamada Medina Villas, cerca de Brighton y Hove.

Luego se matriculó en la University College London para estudiar derecho, pero pronto lo dejó. En cambio, continuó estudiando a Shakespeare y otros literatos ingleses por su cuenta. En 1880, volvió a casa sin ningún título.

En 1883, se casó con Mrinalini Devi. Tuvieron cinco hijos, dos de los cuales murieron en la infancia. En 1890, comenzó a administrar las vastas fincas ancestrales de la familia de Tagore en Shelaidaha (ahora en Bangladesh). Esto lo acercó a las gente pobre e aumentó su interés en las reformas sociales.

Como terrateniente, o "*Zamindar Babu*", como le llamaban, Tagore viajó a través de sus terrenos pantanosos y ribereños en *Padma*, su lujosa barcaza familiar. Recaudaba mayoritariamente rentas simbólicas de arroz y se bajaba a compartir la comida con los aldeanos. Durante una de esas visitas, Tagore conoció a Gagan Harkara, quién le dio a conocer las canciones populares de Baul Lalon Shah.

Tagore hizo todo lo posible para popularizar las canciones de Lalon. También, del 1891 al 1895, una recopilación de 84 historias en tres volúmenes llamada *Galpaguchchha* (un ramillete de historias). Muchos de estos "cuentos irónicos y serios" se centraron en la pobreza endémica de una Bengala rural idealizado pero empobrecida.

En 1901 Tagore se trasladó a *Shantiniketan* (morada de paz) donde estableció una *ashram* con una sala de oración con suelo de mármol, una escuela experimental, jardines y una biblioteca. Financió esta institución con los derechos de autor del libro, unas 2.000 rupias en esos días, y los pagos mensuales que recibía como parte de su herencia. Más tarde vendió joyas de su familia y su bungalow junto al mar en Puri (Orissa) y puso todo lo recaudado en esta aventura donde la enseñanza se llevaba a cabo a menudo bajo los árboles.

Tagore tomaba clases personalmente por las mañanas y escribía los libros de texto por las tardes. Llamó a la institución Vishwa - *Bharati* (India en el mundo) y juró "hacer de Santiniketan el hilo conductor entre la India y el mundo [y] un ciento mundial para el estudio de la humanidad en algún lugar más allá de los límites de la nación y de la geografía."

En 1939, *Vishwa Bharti* se había convertido en una Universidad de pleno derecho. Pronto se convirtió en uno de los lugares más famosos de la India para la educación superior. Ha tenido alumnos como Indira Gandhi (más tarde Primera Ministra de la India), Amartya Sen (Premio Nobel) y Satyajit Ray (director de cine galardonado). Después de la independencia de la India, gobierno de la India adoptó esta Universidad experimental y todavía la está financiando en su totalidad.

Tagore escribió el *Gitanjali* (ofrendas de la canción), una colección de 157 poemas que se hizo famosa por su " *profundamente sensible, dulce y hermoso verso*". 53 de estos poemas fueron traducidos al inglés, lo cual extendió su fama a través de los continentes.

En la traducción, de su poesía se consideraba espiritual y mercurial. Aunque los expertos afirman que nadie que pueda leer los poemas de Tagore en bengalí puede sentirse satisfecho con cualquiera de las traducciones (hechas con o sin ayuda de Yeats). E.M. Forster también ha señalado que " *el tema es tan hermoso* ", pero los encantos " *desaparecieron en la traducción* ", o quizás " *en un experimento que no ha llegado a dar resultado*".

La Academia sueca, sin embargo, quedó tan impresionada con el carácter idealista de su poesía que le otorgó el Premio Noble de literatura en 1913. Esto hizo historia, siendo él el primer no europeo en obtener este prestigioso premio.

Nota: Sorprendentemente el 25 de marzo de 2004, el Premio Nobel de Tagore desapareció de la caja fuerte de la Universidad de Vis hw a Bharati. La Academia sueca, sin embargo, decidió reemplazar con dos réplicas del Premio Nobel de Tagore, una de oro y otra de bronce, el 7 de diciembre de 2004.

A principios de los años 30, Tagore hizo campaña sin tregua contra la extensamente frecuente "conciencia de casta anormal" y la intocabilidad. Su obra *Chandalika* (niña Intocable), describía como el monje Ananda, discípulo de Gautama Buda, pedía agua a una chica tribal, sin preocuparse de la casta de la niña. Escribió poemas y teatro sobre los héroes Dalit e hizo campaña, con éxito, para abrir muchos templos como el famoso Guruvayoor para los oprimidos.

En *Chokher Bali* (dirigida más tarde como una película de Satyajit Ray) Tagore inscribe la sociedad bengalí a través de los ojos de una joven viuda rebelde que prefirió vivir sola. Al hacerlo, ridiculizó audazmente la costumbre de perpetuo luto para las viudas y cuestionó el porqué no se les permitía volver a casarse.

Tagore fue un compositor prolífico con 2.230 canciones a su crédito. Sus canciones son conocidas como r *abindrasangit* (música de Tagore). Son tan populares hoy en día que *"no hay en Bengala un hogar sofisticado en el que no se canten o intenten cantarse las canciones de Rabindranath... Incluso aldeanos analfabetos cantan sus canciones".*

Sus canciones impactaron los valores bengalíes de la misma manera que Shakespeare impactó en el mundo angloparlante. Estas canciones " *trascienden lo mundano a lo estético y expresan todos los rangos y categorías de la emoción humana*".

El poeta dio voz a todos, grande o pequeña, rica o pobres. El pobre barquero del Ganges y el rico propietario, todos aireaban sus emociones en ellas. Su influencia fue tan profunda que dejó una profunda huella en el maestro de la sítara Vilayat Khan y los maestros del sarod Buddhadev Dasgupta y Amjad Ali Khan.

Tagore estaba profundamente entristecido por la partición de Bengala en líneas comunales en 1905. Vio este movimiento británico como un intento de frustrar el movimiento nacional de la India dividiendo hindúes y musulmanes. Escribió la canción " *Amar Shona Bangla* " para inspirar y unir a todos los bengalíes y para protestar contra esta política de división. Esta canción se convirtió en el himno nacional de Bangladesh cuando se convirtió en un país independiente en 1971.

Tagore escribió " *Jana Gana Mana* " en shadhu bhasha, una versión bengalí del sánscrito. Se cantó por primera vez en 1911, en una sesión del Congreso Nacional Indio de Calcuta. Se hizo tan popular que en 1950 la Asamblea Constituyente de la República de la India lo adoptaró como himno nacional de la India.

Tagore escribió ocho novelas y cuatro novelas cortas. Sus temas giraban alrededor de nacionalismo indio, el movimiento *Swadeshi* (indígena), el celo religioso, la explotación de los pobres, terrorismo, etc... Tagore escribió también 84 cuentos, que giraba en torno a la modernidad, la moda y rompecabezas mentales. Muchas de sus novelas recibieron una atención renovada a través de adaptaciones cinematográficas de Satyajit Ray y otros.

"Para *el mundo se convirtió en la voz del patrimonio espiritual de la India, y para la India, especialmente para Bengala, se convirtió en una institución de gran vida.*"

Tagore probó suerte en el dibujo cuando tenía cerca de cuarenta años y era ya un escritor famoso. Tal como compartió con el científico conocido Jagadishchandra Bose,

"Te *sorprenderás de oír que estoy sentado dibujando en un cuaderno. No hace falta decir que los dibujos no están pensados para que se cuelguen en una sala de París, no tengo la menor sospecha de que ninguna galería nacional de un país subiría los impuestos de repente para poder adquirirlos. Pero igual que una madre dedica más afecto al hijo más feo, me siento atraído en secreto a la habilidad que me viene con menos facilidad.*"

Sin embargo, a los sesenta años, Tagore había tomado el dibujo y la pintura otra vez con todo el gusto. Sus pinturas aparecieron en numerosas exposiciones en París y en toda Europa. Curiosamente, era daltónico, lo que dio lugar a que usara extraños esquemas de color y estética inusual.

Tagore fue un "literato ambulante" que vagaba por todo el mundo afirmando su creencia en la unicidad de esa humanidad. El 14 de julio de 1927, Tagore y dos compañeros comenzaron una gira de cuatro meses por el sureste asiático.

En sus otros viajes, Tagore interactuó con Henri Bergson, Albert Einstein, Robert Frost, Thomas Mann, Shaw, H.G. Wells, y Romain Rolland. En mayo de 1926, Tagore se reunió con Mussolini en Roma. Fue recibido con gusto pero Tagore no pudo evitar pronunciarse en contra de las políticas fascistas del dictador.

Sus visitas a Persia e Iraq (1932) y Sri Lanka (en 1933) sólo profundizaron la aversión de Tagore hacia el comunalismo y el nacionalismo. Tagore fue un hombre adelantado a su tiempo. Escribió en 1932, durante una visita a Irán, que " *cada país de Asia resolverá sus propios problemas históricos según su fuerza, naturaleza y necesidades, pero las luces que llevarán cada uno en su camino al progreso se reunirán para iluminar el rayo común del conocimiento.* "

Relató cómo durante su visita en mayo de 1932 a un campamento de beduinos en el desierto iraquí, el jefe de la tribu le dijo que " *nuestro profeta ha dicho que un musulmán verdadero es aquel cuyas palabras y hechos no pueden provocar ningún daño ni al último de sus hermanos los hombres...* "

Tagore se registró en su diario que, " *estaba impresionado al reconocer en sus palabras la voz de la humanidad esencial.* "

Sus relatos, ensayos y conferencias fueron recopiladas en varios volúmenes, incluyendo *Europe Jatrir Patro* (Cartas desde Europa) y *Manusher Dhormo* (La religión del hombre). Su breve charla con Einstein, "Nota sobre la naturaleza de la realidad ", se incluye como apéndice a este último.

Tagore apoyó el movimiento indio de la libertad y escribió canciones para adorarlo. Dos de sus composiciones, " *Chitto Jetha Bhayshunyo* " ("Donde la mente no tiene miedo") y " *Ekla Chalo Re* " ("Si no contestan a tu llamada, camina solo"), ganaron atractivo entre las masas, convirtiéndose este último en el favorito de Gandhi.

Sin embargo, en un áspero ensayo de 1925, se burla del movimiento Swadeshi considerándolo "el culto del Chakra", o la rueca que tanto apreciaba Mahatma Gandhi. Sugirió que los indios evitaran la mentalidad de víctima y en su lugar mejoraran su situación a través de la autoayuda y la educación. Tagore vio la presencia de los británicos en la India como un "síntoma político de nuestra enfermedad social". Él sostenía que, incluso una extremadamente pobre "educación constante y útil" era mejor que una "revolución ciega"

En 1934, un terremoto sacudió Bihar causando miles de víctimas. Gandhi lo llamó retribución divina en venganza por la opresión de los intocables. Tagore le reprendió públicamente por esos comentarios tan insensibles porque el desastre realmente había matado más gente pobre que de casta superior.

Más tarde, sin embargo, medió en la disputa entre Gandhi y Ambedkar en relación a electorados separados para los intocables. Gandhi, como protesta, había llevado un ayuno hacia la muerte, y Tagore tuvo que persuadir a Ambedkar para eliminar esta petición divisiva, y poner fin así al ayuno de Gandhi.

Encantos de Tagore parecen levantar las barreras de tiempo y el espacio. Un asombrado Salman Rushdie ha informado recientemente de una latente veneración de Tagore precisamente en Nicaragua.

Incluso hoy, muchos eventos alrededor del mundo rinden homenaje a Tagore cada año. El aniversario de su nacimiento *Kabipranam* (saludos al poeta) se celebra regularmente en el Festival de Tagore en Urbana, Illinois (Estados Unidos). Luego está el *Rabindra Path Parikrama,* que es una peregrinación desde Calcuta a Shantiniketan.

En 2011, para celebrar el 150 aniversario del nacimiento de Tagore, la prensa de la Universidad de Harvard colaboró con la universidad de *Bharati Vishwa* para publicar *Lo esencial de Tagore,* la mayor antología de las obras de Tagore disponibles en inglés.

Hay muy pocos artistas en el mundo que sean buenos en todo. O bien eres un pintor, o un músico, o un novelista, o un actor...

Sólo puedo pensar de Leonardo Da Vinci como alguien que podía hacer casi todo. El segundo ejemplo podría ser Tagore.

Por cierto, ambos Rabindranath Tagora y Da Vinci fueron artistas reservados.

La lección entonces es: si alguna vez has sentido que eres bueno en muchas cosas, por qué contenerte. Ser su propio Tagore o Da Vinci.

Y siéntete orgullosos del hecho de ser una persona introvertida.

";¿Quién eres, lector, leyendo mis poemas de aquí a cien años?

No puedo enviarte una sola flor de esta abundancia de primavera, ni una sola mancha de oro de aquellas nubes.

Abre tus puertas y mira al exterior...

El agua en un recipiente es brillante, el agua en el mar es oscura.

La pequeña verdad tiene palabras que son claras, la gran verdad tiene gran silencio".

–Rabindranath Tagore

Capítulo 8: Una drogadicta, suicida y que se mutilaba, rechaza hacer el casting y se convierte en la superestrella de Hollywood mejor pagada de la historia

———

ELLA CAMINABA POR LA alfombra roja en un reluciente vestido negro de YSL que en su propio estilo mezclaba la androginia con el atractivo. Sus ojos verdes, considerados los más hermosos entre las famosas, deslumbraban. Llevaba su cabello castaño oscuro suelto y libre al viento.

La Sra. Voight había sido la actriz mejor pagada de Hollywood durante cinco años consecutivos. La gente supone que lo tuvo fácil, tan fácil que pudo permitirse enredarse en muchas "actividades desagradables" en su adolescencia.

¿Esto la hizo indigna de la adulación pública, la admiración, el respeto o el reconocimiento?

En una de sus entrevistas, dijo:

"Como *muchas de las más grandes historias humanas, se trata de la capacidad de hombres y mujeres corrientes para superar la adversidad. No recuerda no rendirnos nunca, y que tener espíritu de lucha es lo que realmente importa. Es poderoso porque habla del potencial dentro de todos nosotros... Creo en el viejo dicho: "lo que no te mata, te hace más fuerte". Nuestras experiencias, buenas y malas, nos hacen quienes somos. Superando dificultades, ganamos fuerza y madurez."*

¿Quién es esta Sra. Voight y por qué estamos hablando de ella?

Comencemos por el principio.

La Sra. Voight nació en una familia bien conocida en Hollywood. Su padre, John Voight, fue un actor ganador de un Oscar. Sin embargo, él fue infiel a su esposa, lo cual acabó dando lugar al divorcio.

La infancia de la Sra. Voight fue cualquier cosa menos feliz. Fue criada por su madre soltera, quien luchaba para llegar a fin de mes. La Sra. Voight ansiaba amor y cariño. La escuela no le dio un respiro, otros estudiantes se metían con ella por ser flaca y por llevar gafas y aparato en los dientes.

Su madre intentó hiciera trabajos de modelo, pero no funcionó. Sra. Voight entonces se cambió a una escuela alternativa, donde se convirtió en una "punky marginada", con ropa negra y experimentando con el juego de cuchillos. Ahora quería ser directora de funerarias y empezó a estudiar el embalsamamiento.

Recapitulando ese período tumultuoso, dice ella, " *En el corazón, todavía soy, y siempre lo seré, tan sólo una punky con tatuajes"*.

De adolescente, a la joven Sra. Voight le resultaba difícil conectar con otras personas, y comenzó a hacerse daño a sí misma. Tal como ella admitió más adelante, *"por alguna razón, el ritual de haberme cortado a mí misma y sentir el dolor, tal vez sentirme viva, sentir algún tipo de alivio, era terapéutica para mí de alguna forma"*

La rabia y la frustración que sentía la llevaron a pensamientos oscuros y siniestros. A menudo pensaba en suicidarse. ¡Una vez incluso contrató un sicario para matarla!

La Sra. Voight tenía problemas para dormir por la noche. Así que comenzó a experimentar con drogas. A los 20 años, había tomado "casi todas las drogas posibles" y la lista incluía cocaína, éxtasis, LSD y heroína. En la edad de 24 años, sufrió una crisis nerviosa y pasó 72 horas en el psiquiátrico del centro médico de UCLA.

La Sra. Voight actuó por primera vez en una película en 1982, cuando tenía siete años, junto a su padre, Jon Voight. Sin embargo, podría haberse decidido a hacer de la actuación su profesión con sólo 16 años. Pero hubo un grave inconveniente: simplemente no conseguía pasar las audiciones.

A menudo le decían que su semblante era "demasiado oscuro". Entre sus batallas con la adicción a las drogas, la Sra. Voight trabajó en sus habilidades de interpretación. Consiguió ser admitida en el Instituto de teatro Lee Strasberg donde ella entrenó durante dos años y actuó en algunas obras de teatro.

Pasar audiciones ya no era un problema. En una película de 1993, fue seleccionada para interpretar el papel principal de un humanoide diseñado para el asesinato y el espionaje corporativo. La película, sin embargo, suspendió en taquilla.

La Sra. Voight estaba tan destrozada que se negó hacer audiciones durante casi un año. Después de un tiempo, ella reunió valor para desempeñar el papel de una vagabunda que unía a las adolescentes contra un profesor que las acosaba sexualmente. Un crítico comentó que se necesitaba un montón de tonterías para desarrollar tal personaje pero es meritorio que la Sra. Voight contaba con la presencia para superar el estereotipo.

En 1997, tan sólo cuatro años más tarde, carrera de la Sra. Voight tomó un giro interesante. Su papel de Cornelia Wallace, la segunda esposa del segregacionista gobernador de Alabama y candidato a la presidencia, en la película *George Wallace* (1997) le trajo un Globo de oro. Los críticos consideraron su actuación el punto culminante de la película. La gente empezó a fijarse en ella no sólo como hija de Jon Voight, sino como una actriz de talento por derecho propio.

Ya no había vuelta atrás. La Sra. Voight era ahora una fuerza imparable interpretando todo tipo de papeles en numerosas películas. Destacaba por su encanto y facciones marcadas, y comenzó a hacerse su propio nombre.

La dedicación de la Sra. Voight a sus papeles era legendaria. Mientras filmaba para una película, por la que recibió un Globo de oro, se metió tanto en el papel que le dijo a su marido que no sería capaz de llamarle por teléfono: *"le decía: estoy sola, me estoy muriendo, soy gay, no voy a verte en semanas".*

Luego llegó su momento de éxito. En 2001, interpretó el papel de una arqueóloga aventurera en una película que era una adaptación de un popular videojuego. El papel requería dominar el acento inglés y someterse a un entrenamiento de artes marciales intensivo. La película fue un éxito internacional, recaudando 274,7 millones de dólares en todo el mundo, y estableciendo a la Sra. Voight como súper estrella femenina internacional. A los fans les chiflaba su look poco convencional, atribuido a una mezcla de descendencia alemana y eslovenapor parte de padre, y de ancestros franco-canadienses, holandeses, y alemanes por parte de madre.

La película también establecida a la Sra. Voight entre las actrices mejor pagadas de Hollywood, ganando 10 millones de dólares por película durante los siguientes cinco años.

EStoy seguro de que ya habrás adivinado la identidad de esta misteriosa Sra. Voight.

Ella es la preciosa **Angelina Jolie.** Y la película fue **Lara Croft: Tomb Raider.**

Y sí, nunca utilizó el nombre de Sra. Voight para identificarse. Jolie, de hecho, solicitó formalmente en un juicio la eliminación del apellido " Voight " en favor de su segundo nombre. Esto le fue concedido el 12 de septiembre de 2002 .

La intensa presencia en pantalla de su persona puede hacerte pensar que es muy atrevida, expresiva, audaz y, por lo tanto, extrovertida. Ella ha sido etiquetada como " *uno de los grandes espíritus salvajes del cine actual, un cañón suelto que de alguna manera tiene un objetivo mortal.* "

Sin embargo, la realidad es algo diferente. En una entrevista en 2005, Angelina reveló su lado reservado. Admitió que le encanta pasar mucho tiempo a solas, y que eso le ayuda a desarrollarse como persona. También confesó que no sigue la a multitud y le gusta conocer gente nueva a su manera.

"No tengo un montón de amigos. He estado sola mucho tiempo. ¿Sabes lo que es? Creo que cuando estás solo, cuando vas a algún lugar tú solo, terminas conociendo gente nueva y te desarrollas", dijo.

Sí, tenía un oscuro pasado. También tuvo una fase salvaje. El 28 de marzo de 1996, asistió a su boda (con su primer marido) en pantalones de goma negra y una camiseta blanca ¡en la que había escrito el nombre del novio con su propia sangre! Más adelante, ¡ella y su segundo marido llegaron a llevar la sangre del otro en un frasco pequeño alrededor del cuello!

Entre sus 17 tatuajes conocidos están el proverbio latino "*quod me nutrit me destruit*" (lo que me nutre me destruye), la cita de Tennessee Williams "*una plegaria para los salvajes de corazón, encerrados en jaulas*", una oración budista en sánscrito de protección, un tigre de doce pulgadas y coordenadas geográficas indicando los lugares de nacimiento de sus hijos. Recientemente mostró tres nuevos tatuajes en la espalda mientras dirigía su película de Jemeres Rojos "*First they killed my father*" en Camboya.

Angelina a menudo hacía cosas que la hacían parecer más un fracaso que un éxito. Pero ella también tuvo la determinación de canalizar toda su ira, frustración, dolor y sufrimiento en estos personajes complejos en pantalla que hicieron sus actuaciones memorables. De un robot a una sociópata, una vagabunda a una guerrera marcial, de una viuda rota de dolor en Pakistán (Un *corazón invencible*, 2007) a una bruja en " *Maléfica* " (2014), ha hecho todo tipo de papeles. Haciendo eso, probó que en última instancia, es lo que hacemos y cómo canalizamos nuestra energía negativa lo que nos convierte en un éxito o un fracaso.

A nivel personal, después de dos matrimonios fallidos, que duraron tres años, Angelina parece haber sentado la cabeza con Brad Pitt, otra celebridad de Hollywood. Llevan juntos desde 2005 y se casaron el 23 de agosto de 2014. Brangelina, como la prensa rosa los llama, ha tenido seis hijos, tres de los cuales fueron adoptados de regiones devastadas por la guerra.

Sus hijos adoptados proceden de Camboya, Etiopía y Vietnam. Fue su manera de deshacer años de daño auto infligido. El mensaje es: amar a los demás si alguna vez te has odiado a ti mismo. Tras la adopción de su primer hijo de Camboya, Jolie dijo que encontró estabilidad en su vida, añadiendo que, " *sabía que una vez me encomendara a Maddox, nunca volvería a ser autodestructiva*".

Recientemente ha dado un papel a tres de sus hijos, Vivienne, Pax, y Zahara (a la cual llama ZZ), en su película de 2014 "Maléfica." Como ella explica,

"Brad y yo tomamos la decisión de no mantenerlos apartados de los escenarios y la diversión de hacer cine, pero tampoco lo glorificaríamos, no lo haríamos ni algo bueno ni algo malo."

"Pero *realmente preferiría que hicieran otra cosa. De todas formas, después de dos días, Brad y yo estábamos tan estresados que no queríamos volver a hacerlo*", bromeó.

Para conectar a sus hijos adoptados con sus raíces, Jolie compró una casa en Camboya en 2003. Luego compró 60,000 hectáreas en el adyacente Samlout National Park en los Montes Cardamomos y convirtió el área en una reserva salvaje. Como reconocimiento a sus esfuerzos, el Rey de Camboya Norodom Sihamoni le otorgó la nacionalidadcamboyana el 31 de julio de 2005.

En diciembre de 2010, Jolie junto con Brad Pitt, establecieron en nombre de su hija nacida en Namibia la Fundación Shiloh Jolie-Pitt. Ésta ayuda en proyectos de conservación, así como una clínica de salud gratuita, vivienda y una escuela para la comunidad del bosquimano en el santuario de vida silvestre Naankuse, en el Kalahari. La pareja ha sido muy aficionada a este lugar desde el momento en que viajaron a Namibia para el nacimiento de su primer hijo biológico en 2006.

Su objetivo entonces era evitar a los paparazzi. Pero luegodecidieron vender las primeras imágenes de Shiloh a través de Getty Images a las revistas "People" y "Hello!" por 4,1 millones y 3,5 millones de dólares respectivamente. Fue una cifra récord para una foto de famosos en esos días, e inmediatamente lo donaron a UNICEF.

En Sebeta, Etiopia, el lugar de nacimiento de su hija mayor (adoptada), Angelina ha fundado el Centro Infantil Zahara.

Éste da tratamiento y educa a niños que sufre de VIH o tuberculosis.

Angelina Jolie siempre fue considerada a un rebelde. Ella apoya el tener armas alegando que *"no ha tenido problemas defendiendo su familia y su hogar con un arma de fuego"*.

Y entonces, hizo algo que era hasta entonces considerado impensable para una celebridad de su clase.

El 16 de febrero de 2013, a los 37 años, Angelina se sometió a una doble mastectomía preventiva. Tomó esta decisión después de saber que poseía un gen BRCA1 defectuoso que indicaba un 87% del riesgo de desarrollar cáncer de mama.

Los intelectualoides estaban horrorizados. ¿Estaba de nuevo Angelina en una racha de automutilación? Después de todo, todavía no tenía cáncer. Y aunque lo tuviera, los últimos avances en medicina científica podría darle un tratamiento mucho mejor del que pudieron darle a su madre, quien sufrió un cáncer de mama y murió de un cáncer de ovarios.

Pero Angelina era firme. La mastectomía habría reducido las posibilidades de desarrollar cáncer de mama del 87% a menos del 5%. Entonces fue adelante con la operación y posterior cirugía reconstructiva con implantes e injertos.

Pero esto no fue el final de tribulaciones médicos de Angelina. Sólo dos años después, en marzo de 2015, Angelina decidió realizarse una ooforectomía preventiva, ya que tenía un 50% de riesgo de desarrollar cáncer de ovario debido a la misma anomalía genética.

Lo que cuenta, sin embargo, es que Angelina, que normalmente es una persona intensamente privada, decidida hacer públicas sus motivaciones. Ella habla de sus experiencias personales, diagnóstico y cirugías con considerable detalle en "The New York Times". Dice que tomó esta medida preventiva por el bien de sus seis hijos y explica,

"Decidí no mantener mi historia en privado porque hay muchas mujeres que no saben que pueden estar viviendo bajo la sombra del cáncer. Espero que ellas también consigan analizar sus genes, y que si tienen un riesgo alto, sepan también que tienen buenas opciones."

También añadió que, *"en lo personal, no me siento menos de una mujer. Me siento fortalecida por tomar una gran decisión que de ninguna manera reduce mi feminidad."*

Por ser Angelina un personaje público, sus operaciones despertaron mucha conciencia sobre las mutaciones de BRCA y las posibles opciones para las mujeres en riesgo. En lo que la revista TIME llamó "el efecto Angelina", el número de remisiones se triplicó en Australia, se duplicó en el Reino Unido, partes de Canadá y la India, y aumentaron significativamente en Estados Unidos.

Hubo un efecto positivo también en la reducción del coste de pruebas genéticas cuando la Corte Suprema de los Estados Unidos, en una resolución en junio de 2013 invalidó las patentes sobre el gen BRCA que pertenecían a la compañía Myriad Genetics.

En un cambio de rumbo, Angelina Jolie ahora quiere ser directora en lugar de actriz. Ya ha dirigido el drama de supervivencia de la Segunda Guerra Mundial "*Unbroken*" en 2010 y una película sobre la guerra de Bosnia "*En tierra de sangre y miel*" en 2011. Por esta última, Jolie fue nombrada ciudadana honoraria de Sarajevo.

El tercer intento de Angelina en la dirección fue el drama conyugal "Frente al mar" (2015), el cual protagoniza junto a su marido, Brad Pitt.

Como ella explica, prefiere no ser el centro de atención y siente que dirigir películas es una gran manera de perder su estatus de gran celebridad.

"*Soy una persona muy privada*", declara Angelina, añadiendo que, "*No salgo mucho. Me quedo en casa con los niños. Voy al trabajo. Realmente no me gusta ser el centro de atención, por eso me gusta estar más detrás de la cámara*".

Específicamente en cuanto a dirigir, dice,

"*prefiero dirigir a actuar. Hay una enorme libertad que viene de estar detrás de la cámara. Trae un montón de responsabilidades, pero es intensamente gratificante. Particularmente la oportunidad de ayudar a sacar los mejores actores jóvenes, como Jack O'Connell en Unbroken, que es un talento notable.*"

Dijo a la revista "Interview", "*Mi madre siempre quiso que fuera actriz. Y empecé a ir al teatro y a audiciones muy joven. Hace tan sólo unos cinco años que me di cuenta de que no quería ser actriz... nunca conocí otra cosa. Crecí con una carrera impuesta. Me tomó mucho tiempo creer que podía realizar más que un aspecto de nuestro negocio. "*

A Jolie le llovieron varios premios y reconocimientos. Ha recibido un premio de la Academia, dos premios del gremio de actores y tres Globos de Oro. Ganó el Oscar por la Mejor Actriz de Reparto por su papel en la película *"Girl, Interrupted"* (1999).

Angelina está igualmente bien reconocida por su labor humanitaria. En noviembre de 2013, recibió un premio humanitario Jean Hersholt, el cual es un premio honorario de la Junta de Gobernadores de la Academia de las Artes y las Ciencias Cinematográficas. En el 2014, la reina Isabel II le otorgó la insignia de una Comandante Honoraria de la orden de St. Michael y St. George (DCMG) por la campaña para erradicar la violencia sexual en zonas de guerra y por sus servicios a la política exterior del Reino Unido.

Angelina fue dos veces, en 2006 y 2008, incluida en la lista de Time de las 100 personas más influyentes en el mundo. La edición número 100 de Forbe's Celebrity en 2009 la nombró la actriz más poderosa del mundo de 2006 a 2008 y de 2011 a 2013. Además, Forbes la declaró la actriz mejor pagada de Hollywood en 2009, 2011 y 2013, con unas ganancias anuales estimadas de 27 millones, 30 millones y 33 millones de dólares respectivamente. Una encuesta global de 2015 realizada por *YouGov* descubrió que Angelina era la mujer más admirada del mundo.

Angelina ha sido muy generosa en compartir su riqueza con los oprimidos. Sin pensarlo dos veces, donó un millón de dólares en respuesta a un llamamiento internacional de emergencia de ACNUR. Se trata de la mayor donación que ACNUR había recibido de un particular. No es de extrañar que también sea la más veterana Embajadora de buena voluntad para el Alto Comisionado de las Naciones Unidas para los refugiados, una responsabilidad que aceptó en 2001.

Angelina se asegura de dar cobertura escrupulosamente a todos los costes relacionados con sus misiones humanitarias. También comparte las mismas condiciones de vida y trabajo que el demás personal del ACNUR en todas sus visitas. Siendo una persona tan inquieta, comenzó a tomar lecciones de vuelo en 2004 para ayudar a los trabajadores de ayuda humanitaria y suministradores de alimentos de todo el mundo. Y ahora tiene con orgullo una licencia de piloto.

Así que lo remarcable es que a pesar de todas las adversidades y cuestionables decisiones, románticas o de otro tipo, ha aprendido de cada uno de sus errores, ha perseverado y logrado excelencia. Hoy ella es admirada como una mujer inteligente, encantadora, compasiva y audaz. Es una de las pocas celebridades a las que admirar debido a su indomable espíritu y lo que ella consigue lograr con él.

"Sin dolor, no habría ningún sufrimiento, sin sufrimiento nunca aprenderíamos de nuestros errores. Para hacerlo bien, el dolor y el sufrimiento es la clave para todas las ventanas, sin él, no hay forma de vida".

"Si no sales de la caja en la que te has criado, no entiendes lo grande que es el mundo."

–Angelina Jolie

Capítulo 9: Aprende de Leonardo

¿ERES UNA PERSONA CREATIVA con pasiones tan diversas que la gente a menudo te considera "confundido"?"

No te preocupes entonces, amigo mío, porque yo me siento igual.

Por formación, soy abogado societario. Pero de profesión, soy escritor. Género, ficción o no ficción... por favor, no preguntes.

Porque en los años que he estado en "el negocio ", he escrito más de 17 libros (éste es el 18º) en géneros que van desde libros de cocina a la autoayuda, la introversión a la publicación y de la ficción a las memorias. En los próximos años, puedo sentirme lo suficientemente aventurero para experimentar con la aventura u otros géneros como la fantasía o novela de suspense.

Veteranos en los negocios sensatos chasquearán la lengua y dirán que ese comportamiento tan voluble tiene poco sentido. Que siempre debes usar tus fortalezas. Que incursándose en muchos sectores sólo malgastas tus energías. Que financieramente, tantas gotas nunca llegarán a ser un torrente....

Si como yo, no está de acuerdo, sólo cita un ejemplo que cerrará rápido todas las bocas. Y ese artista es el brillante, el grande y único **Leonardo Da Vinci.**

Nacido el 15 de abril de 1452, en Vinci, Italia, el padre de Leonardo, Ser Piero, fue un prominente notario. Su madre era una pobre campesina que había dado a luz a Leonardo fuera del matrimonio.

A pesar de no haber recibido mucha educación formal, Leonardo resultó para ser tal vez una de las personas con talentos más diversos que ha pisado el planeta tierra. Incapaz de "hacer frente a sólo una habilidad", se convirtió en artista, pintor, escultor, inventor, matemático, ingeniero, arquitecto, anatomista y escritor. Y eso no fue todo.

Él era también un contador de historias y chistes, diseñador de acertijos y bromista. Leonardo era ambidiestro y podría escribir y pintar con ambas manos al mismo tiempo. Fue etiquetado como "polímata", lo cual significa que era ¡"adicto" a hacer DEMASIADAS cosas al mismo tiempo!

Mientras que nadie en su sano juicio puede sugerir que cualquiera puede convertirse en Leonardo Da Vinci de un día para otro (o tal vez en su vida), hay algunas cosas que todo el mundo puede aprender de él.

En primer lugar, que Leonardo no dominó todas sus habilidades en un buen fin de semana. Lo hizo de una en una. Tuvo múltiples intereses en varios campos porque afortunadamente no había ningún empuje a especializarse en aquellos tiempos.

Pero Leonardo no distinguía entre materias porque creía que todas estaban inter-relacionadas. El aprendizaje y descubrimientos realizados en un área, creía él, afectaban a la comprensión de otro tema o rama de estudio. Como él declaró:

"Nada puede ser amado u odiado a menos que primero se entienda".

A los 14 años, reconociendo su potencial como artista, el padre de Leonardo lo llevó a un taller propiedad de un famoso escultor y pintor de la época, Andrea Del Verrocchio de Florencia. Durante este aprendizaje, Leonardo conoció a otros alumnos que eran expertos en química, mecánica y otras destrezas técnicas. Esto alimentó su curiosidad por entender la naturaleza.

Pronto Leonardo fue superando a su maestro. A los 20 años, fue aceptado en el gremio de pintores de Florencia. Esta le trajo la fama de un día para otro y le dio acceso a las personas más poderosas de Italia.

Interés algo inusual de Leonardo por la anatomía humana, el esqueleto y el cuerpo, llevaron sus técnicas de pintura a un nuevo nivel. Su conocimiento de la anatomía le ayudó a crear impresionantes retratos realistas. Éstos se llenaron por primera vez con emociones de intriga, sentimientos y estados de ánimo. Sus ejemplos más famosos son la *Mona Lisa* y el *hombre de Vitruvio.*

Da Vinci fue producto de una era en la que comenzó una nueva forma de pensar. Cuando la gente buscaba liberarse de tradiciones inflexibles y dogmáticas. Cuando la imaginación floreció y los artistas se consideraban seres casi divinos. Cuando Europa estaba emergiendo de un período de oscuridad y confusión. Y cuando la luz del sol del Renacimiento envolvía a todo el mundo con su cálido abrazo.

Aun así, era extremadamente raro que un hijo ilegítimo sin educación formal superara el estatus en el que había nacido. Y convertirse en un personaje famoso y artista venerado.

La curiosidad natural de Leonardo lo llevó a producir muchos cuadernos científicos. Su interés por la ingeniería lo llevó a crear instrumentos musicales, dibujos de aviones, barcos de vapor, bombas hidráulicas, cañones y maquinaria de guerra. Los expertos creen que los tanques de batalla usados en la primera guerra mundial se inspiraron en los diseños de las máquinas de guerra de Leonardo, dibujados unos cuatrocientos años antes.

Así que la idea es que si tú también tienes varios talentos, como Leonardo, puedes considerar usar un conjunto de ellos para mejorar otro. Por ejemplo, si te gusta llevar blog de forma regular, ¿por qué no considerar escribir un libro completo? O por qué no crear cursos on-line cuando amas la enseñanza y la tutoría. O convertirte en un chef profesional porque te encanta cocinar. O crear nuevos videojuegos o aplicaciones para móviles porque te encanta jugarlos. O convertirte en un actor profesional porque encanta imitar y ser alguien diferente durante un tiempo. Las posibilidades podrían ser interminables.

Y sí, si monetizas algunos de tus talentos especiales de esta manera, ¡seguro que nadie te llama "confuso!"

¿Ahora a la pregunta: fue Leonardo Da Vinci un artista reservado?

Contemporáneos de Leonard han descrito su personalidad como encantadora y elegante, pero reservada. Valoraba la soledad, y sus opiniones a continuación atestiguan firmemente su introversión:

"Si estás solo, perteneces del todo a tí mismo. Si estás acompañado por incluso una sola persona, sólo te pertenece la mitad de ti mismo, o incluso menos en proporción de la desconsideración de su conducta, y si tienes más de una compañía, caerás más profundamente en la misma situación".

De un introvertido a otro, puedo verme reflejado en esta cita al instante. Parece como si Leonardo hablara para cada introvertido de este planeta. Por lo que cabe duda de que Da Vinci fue un introvertido.

Únicamente cuando estaba sólo pudo ser creativo y aventurarse en su amplia gama de intereses, destrezas y especializaciones. Si no fuera por la soledad, *Mona Lisa* no habría nacido. *El hombre de Vitruvio* no habría sido creado. La *última cena* no habría sido pintada. Y tanques, helicópteros, bombas hidráulicas, bicicletas e incluso lentes de contacto podrían no haber sido diseñados.

Leonardo era también muy humilde:

"He ofendido a Dios y a la humanidad porque mi trabajo no alcanza la calidad que debería tener."

Pero sí aprende de él a mantener las cosas simples, porque en palabras de Leonardo:

"La simplicidad es la sofisticación definitiva".

Y si tienes alguna dificultad en empezar algo nuevo y emocionante, hay otra joya de él:

"Es más fácil resistirse al principio que al final".

Da Vinci es un gran ejemplo a seguir exceptuando algunas cosas negativas. Fue un artista inquieto que abandonó muchos de sus proyectos por el camino. En 1478, aceptó su primer encargo para el monasterio de San Donato en Florencia. Sin terminar esta tarea se marchó a Milán a servir a la dinastía Sforza gobernante. Allí trabajó en una estatua ecuestre de bronce durante 12 años, pero nunca la completó.

Incluso la "*Mona Lisa*", la cual algunos historiadores sostienen que fue su mayor logro artístico, nunca fue "completada". LA pintura se cree que representa a Lisa Del Gioconda, esposa de Francesco Del Giocondo, un rico comerciante de seda que se lo había encargado para conmemorar el nacimiento de su segundo hijo. El cuadro data de ente 1505 y 1507, pero hay indicios de que Leonardo continuó trabajando en él intentando alcanzar la perfección. Por lo que la obra nunca fue entregada a Gioconda ¡y ahora se encuentra detrás de un cristal a prueba de balas en Louvre, París!

Parece ser que la búsqueda de Leonardo de la perfección a veces significaba perder la pasión por el trabajo durante el camino y dirigir su genialidad hacia algo completamente diferente. Parece que demasiados intereses y pasiones al mismo tiempo le podrían haber distraído. Esto causó gran frustración para los reyes y los pagadores de aquellos días. Un ejemplo clásico de cómo la perfección y la distracción pueden perjudicar tus proyectos.

La lección más importante, por lo tanto, es poner la terminación por delante de la perfección, para terminar lo que empiezas.

Naturalmente, el brillante patrocinio artístico de Leonardo no podía seguir intacto. Sabía que necesitaba moverse en los ambientes adecuados e incluso hacerse miembro de los famosos gremios italianos para triunfar en la vida. Y tuvo éxito en hacerse notar y le surgió un encargo tras otro.

Pero una vez que el régimen cambió de manos, también lo hizo el patrocinio. Como resultado, muchas veces la fuente de ingresos de Leonardo se secaba. Se dice que dejó Milán arruinado, abandonando su *Última Cena* y muchas otras obras famosas.

La lección: Asegúrate de tener planes de contingencia o redes de seguridad en su lugar.

Planea tener múltiples fuentes de ingresos. Destina suficientes inversiones en instrumentos ultra seguros que hagan de fondo de emergencia que te ayudaría a poner comida en la mesa por lo menos durante seis meses. Establece una reputación formidable en la industria en la que trabajes. Y por último, trata de tomar más de unos pocos clientes. Por si uno falla, los otros siguen a pagándote.

Da Vinci se marchó a Francia desde Italia en 1516 al recibir una citación de Francisco I, rey de Francia. La oferta incluía permanecer en el Château of Cloux, una casa de campo cerca de Aboise, Francia, y la oportunidad de pintar y dibujar a su ritmo. Sin embargo, sólo pasó tres años en Francia y murió poco después de cumplir 67 años el 2 de mayo de 1519.

El mensaje perdurable de Leonardo era que si tienes una serie de pasiones, no pienses en ello como una carga, sino como un don que pocos poseen. Estate muy orgulloso de ello. Y celébralo.

Fue por este don que Da Vinci pudo pasar de la pobreza a la prosperidad y convertirse en leyenda en su propia vida. Para los pensadores creativos de todas partes, él es un impresionante modelo a seguir. Quizás pueda ayudarte A TÍ también a lograr una inigualable brillantez y una creatividad sobresaliente.

"Me he quedado impresionado con la necesidad de hacer. Saber no es suficiente, debemos aplicar. Estar dispuesto no es suficiente, tenemos que hacer".

–Leonardo Da Vinci

Libros del autor en la serie "Fénix tranquilo"

CELEBRANDO A LA GENTE RESERVADA: HISTORIAS INSPIRADORAS PARA PERSONAS INTROVERTIDAS Y ALTAMENTE SENSIBLES

FÉNIX TRANQUILO: UNA GUÍA PARA QUE EL INTROVERTIDO CREZCA EN LO PROFESIONAL Y EN LA VIDA

FÉNIX TRANQUILO 2: DEL FRACASO AL ÉXITO (MEMORIAS DE UN NIÑO INTROVERTIDO)

CELEBRANDO A LOS LÍDERES RESERVADOS: HISTORIAS EDIFICANTES DE LÍDERES RESERVADOS QUE CAMBIARON LA HISTORIA

CELEBRANDO A LOS ARTISTAS RESERVADOS: HISTORIAS EMOCIONANTES QUE EL MUNDO NO PUEDE OLVIDAR

Libros del autor en la serie "Romance en India"

AMOR LEGAL

AMAR MÁS ALLÁ DEL KARMA

CUANDO EL GANGES CONOCIÓ EL MAR DEL NORTE

TUYO CON AUTISMO

NO PUEDES MATAR MI AMOR: UNA HISTORIA DE AMOR DEL HOLOCAUSTO DE KASHMIR

CUANDO NO PUEDES CONFIAR EN EL AMOR

Libros del autor en la serie " Auto-publicación sin gastar un céntimo"

CÓMO SER ESCRITOR EMPRENDEDOR SIN GASTAR UN CÉNTIMO

CÓMO TRADUCIR TUS LIBROS SIN GASTAR UN CÉNTIMO

CÓMO COMERCIALIZAR TUS LIBROS SIN GASTAR UN CÉNTIMO

COMO TENER UNA MENTALIDAD DE ESCRITOR FELIZ SIN GASTAR UN CENTIMO

Libros del autor en la serie "Cocinando en un Periquete"

RECETAS DE COCINA CASERA INDIA PARA HACER EN UN PERIQUETE

COCINA SALUDABLE EN UN PERIQUETE: UN MANUAL COMPLETO ANTI MODA, ANTI DIETA

LA GUÍA DEFINITIVA PARA COCINAR LEGUMBRES AL ESTILO INDIO

COMO APRENDER A COCINAR EN UN PERIQUETE INCLUSO SI JAMÁS HAS HERVIDO UN HUEVO

CÓMO ELABORAR UN MENÚ COMPLETO EN UN PERIQUETE

LA GUÍA DEFINITIVA PARA COCINAR VERDURA AL ESTILO INDIO

LA GUÍA DEFINITIVA PARA COCINAR POLLO AL ESTILO INDIO

LA GUÍA DEFINITIVA PARA COCINAR EL PESCADO AL ESTILO INDIO

LA GUÍA DEFINITIVA PARA COCINAR ARROZ AL ESTILO INDIO

LA GUÍA DEFINITIVA DE COCINA INDIA EN OLLA INSTANTÁNEA

Contacta con el autor

Si tienes preguntas o comentarios, o deseas colaborar conmigo en un proyecto futuro, por favor no dudes en escribirme en cualquier momento a: prasenjeet@publishwithprasen.com

También me encantaría conectar contigo en redes sociales. Únete a mí en:

Twitter

https://twitter.com/PublishWithPras

Goodreads

https://www.goodreads.com/prasenjeet

Google Plus

https://www.google.com/+PrasenjeetKumarAuthor

Contacta con la traductora

PUEDES CONTACTAR CON la traductora de este libro para cualquier comentario o asunto a la siguiente dirección:

marcelavilasm@gmail.com

Sobre el autor

PRASENJEET KUMAR ES autor de más de 36 libros en cuatro géneros: romance-Ficción, libros motivacionales para introvertidos (la serie Quiet Phoenix), libros sobre auto-publicación (serie Self-Publishing Without Spending a Dime) y libros de cocina (serie Cooking In A Jiffy). 90 títulos han sido traducidos al francés, japonés, español, portugués, italiano y alemán.

Prasenjeet es licenciado en Derecho por la University College London (2005-2008), de la Universidad de Londres, y licenciado en Filosofía por la St. Stephen's College (2002-2005), Universida de Delhi. Además, posee un diploma en Curso de Práctica Legal (LPC) de la Facultad de Derecho de Bloomsbury, Londres.

A Prasenjeet le encanta la comida gourmet, la música, el cine, el golf y viajar. Ya ha visitado 17 países incluyendo Canadá, China, Dinamarca, Dubai, Alemanis, Hong Kong, Indonesia, Macao, MAlasia, Sharjah, Suecia, Suiza, Tailandia, Turquía, Reino Unido, Uzbekistán y los Estados Unidos.

Prasenjeet es diseñador, escritor y editor autodidacta y orgulloso dueño de la web www.cookinginajiffy.com, la cual ha dedicado a su madre, y www.publishwithprasen.com, donde comparte consejos sobre auto publicación.